KB078660

정부광고로 보는
일상생활사

차례
Contents

여행과 통신

기차 안에서 깨달은 '삶은 계란이다'

고(故) 김수환 추기경님의 일화 한 토막이다.

사목 활동을 하던 신부님 시절에 생활이 어려운 신자를 만나러 기차를 타고 가는 길이었다. 승객을 빼곡하게 태우고 달리는 기차 안에서 신부님은 차창 밖을 보면서 이런저런 생각에 깊이 빠져 있었다. 신앙이란 무엇인가? 믿음으로 세상 사람들의 영혼을 어떻게 구원할 것인가? 인생이란 무엇인가? 도대체 삶이란 무엇인가? 정녕 삶이란 무엇인가? 마음속으로 '답이 없네. 답이 없어' 하며 답답해하고 있는데,

저 멀리 좁은 기차 통로에서 홍익회 판매원이 판매 손수레를 밀며 이렇게 외치며 다가오고 있었다.

"삶은 계란이요."

이 말에서 신부님은 '삶은 계란이다'라는 깨달음을 얻었다고 한다. 사람들에게 먹고사는 문제가 가장 중요할진대, 그런 점에서 어쩌면 인생이란 삶은 계란 하나를 얻느냐 못 얻느냐의 문제로 귀결될 수 있다는 뜻이다. 삶이란 사람(ㅅㅏㄹㅁ)의 줄임말이기도 하다는데, 발음을 비튼 동음이의(同音異意)에서 나온 이 유머가 기차를 타고 여행할 때면 가끔 생각난다. 손수레를 밀며 다가오는 홍익회 판매원의 어슴푸레한 모습과 함께.

홍익회(현 코레일유통)의 광고 '친절한 서비스' 편(1969년 1월

사업 영역을 나열한 홍익회 광고(1969년 1월 29일, 「경향신문」)

29일, 「경향신문」)을 보자. 헤드라인은 "친절한 써-비스 즐거운 여행"인데, 1960년대 말에 유행했던 운율을 맞춘 대구형 헤드라인이고 서비스가 아닌 '써-비스'라고 표기한 점에서 외래어 표기법의 변천을 엿볼 수 있다. 이런 헤드라인을 썼으면 당연히 본문에서 홍익회의 서비스 내용이나 서비스 품질을 설명했어야 마땅한 일이거늘, 서비스 내용은 없고 자신들의 사업 종목만 나열하고 있으니 뜻밖일 수밖에. 광고의 기본 원리에 한참 못 미치는 수준이다.

어쨌거나 원호 대상자에 대한 생계 부조, 생업 보도(輔導), 직업 알선, 육영 사업, 장학 사업, 역 구내와 열차 내에서의 상품 판매, 토건 사업, 철도소 운영업, 항만 운영 및 하역 사업, 인쇄 출판 세탁 및 피복 기타 제수(製修) 공업, 철도 용품의 제수 가공, 자동차 검사 수리 사업, 광고 사업 등 사업 영역을 죽 나열했다. 지면 왼쪽에는 "원호의 손길"이라는 카피를 두 손으로 감싸는 비주얼을 보여주며 각종 수익 사업에서 얻어지는 이익금은 "불행한 사람들을 돕는 재원"으로 보람 있게 쓰이고 있다고 강조했다. 광고에 나열된 내용만으로도 홍익회는 일반인이 아는 것보다 훨씬 다양한 영역에서 사업을 하고 있었음을 알 수 있다.

홍익회의 이력을 잠깐 살펴보자. 1936년 7월, 철도청 공상(公傷) 퇴직자와 순직 유가족을 돕는다는 취지로 재단법인

철도강생회(鐵道康生會)가 설립되었고, 1943년에 교통강생회로 이름을 바꾸고, 1967년 7월 1일에 홍익회(弘益會)로 이름을 다시 바꿨다. 2004년 철도청이 한국철도공사(Korail)로 체제를 바꾸면서 같은 해 12월 2일 홍익회에서 유통 사업만 분리해 한국철도유통(Korvans)이라는 법인을 설립했고, 2007년 4월 1일에 사명을 코레일유통(주)으로 바꾸어 오늘에 이른다. 주요 사업은 유통 및 광고업으로, 전국의 철도역에서 스토리웨이(StoryWay)라는 편의점과 상업시설을 운영한다.[1]

지금처럼 먹거리가 많지 않던 시절, 기차를 타고 두어 시간쯤 지나면 정말로 기다려지는 것이 객차 앞문을 활짝 열며 나타나는 홍익회 아저씨였다. 차창으로 지나가는 낯선 풍경에 눈길을 주며 지나가는 홍익회 아저씨를 안 보는 척하다가도 사람들은 자기 앞에만 오면 새삼 몰랐다는 듯이 군것질거리를 골랐다. 망설이다가도 주섬주섬 골라내던 눈길과 손길들. 삶은 계란, 심심풀이 땅콩, 도시락, 세 개 묶음의 주황색 귤 망태, 그리고 그 어느 때보다 평화로워 보이는 사람들의 표정이 아직도 생생하다.

대전역의 명물이던 가락국수 맛도 잊을 수 없다. 기관차(증기기관)에 급수를 하고 기차 머리를 돌리느라 10분 정도 정차한 사이에 후루룩 말아먹는 재미가 쏠쏠했던 추억의 가락국수다. 이제 고속철도의 시대라 그런 짬도 없지만 홍익회 아저씨들은 많은 추억을 남겨주었다. 요즘은 먹을 게 많아 잘 드시지는 않겠지만 열차 여행을 할 때는 삶은 계란도 한 번 드셔보기를. 추억과 함께 '삶은 계란'의 참뜻도 한번 곱씹어보시기를.

'외래 관광객' 유치에 눈을 뜨다

짧게는 닷새, 길게는 아흐레까지 쉴 수 있던 2013년 추석 연휴 동안, 해외여행객이 2012년에 비해 60퍼센트 정도 늘었다고 한다. 그렇지만 같은 기간에 우리나라를 찾는 외국인 관광객 수는 그다지 늘지 않았다. 관광 역조(逆調)가 계속되고 있는 셈이다. 중국의 중추절과 겹친 추석 명절에 흔히 유커(遊客)라고 부르는 중국인 관광객이 제주도 등지에 많이 다녀갔지만, 외국 관광객을 국내에 유치하는 인바운드 시장에는 큰 변화가 없었다.

정부는 1960년대 초부터 국책 사업의 하나로 관광에 주목했다. 1962년 6월 26일, '국제관광공사법'에 의거해 한국관광공사의 전신인 국제관광공사가 설립되었다. 국제관광공사의 광고 '국제 관광의 해' 편(1967년 3월 31일, 「동아일보」)을 보자. "67년은 국제 관광의 해"라는 헤드라인 아래 "비약하는

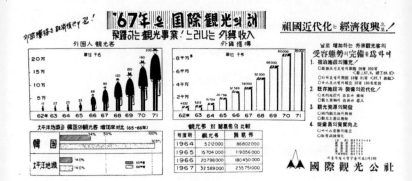

국제 관광의 해를 알리는 관광공사 광고(1967년 3월 31일, 「동아일보」)

관광사업! 느러나는(늘어나는) 외화수입"이라는 설명을 붙이
고 있다. 관광을 사업으로 표기한 것을 보면 이때까지만 해
도 관광을 산업으로는 인식하지 않았음을 알 수 있다.

시각적 표현을 보자. 연도별 외국인 관광객 수, 외화 획득
목표치, 태평양 지역과 한국의 관광객 증가율 대비, 관광비
대 무역비의 비교를 그래프와 표로 제시하고 있다. 관광객의
증가 추이는 사람 모습의 그래프로, 외화 획득의 변화는 돈
다발 모양 그래프로 나타냈으며, 나머지 지표는 보통의 그래
프와 표로 제시한 점이 인상적이다. 디자이너(당시 명칭으로
도안사)의 센스가 돋보이는 대목이다. 그림에서 알 수 있듯이
1962년에 1만 5,000명이던 외국인 관광객이 광고를 낸 시점

인 1967년에 9만 명으로 늘었는데, 4년 뒤인 1971년에는 이를 20만 명까지 늘리겠다는 것이 목표였다. 그리하여 외화수입을 1967년의 3,800만 달러에서 1971년에 9,500만 달러로 늘리겠다는 야심찬 계획이다.

카피에서는 "날로 증가하는 외래관광객의 수용 자세의 완비를 위하여" 숙박 시설 확충, 기존 시설과 장비의 근대화, 관광자원 개발, 종업원의 질적 향상이라는 네 가지 사업에 집중해야 한다고 강조했다. 놀랍지 않은가? 이 네 가지는 9월 27일로 지정한 관광의 날을 비롯한 관광산업 진흥책을 논의하는 자리에서 지금도 약방의 감초처럼 자주 거론된다.

2013년 10월 1일, 중국에서 '여유법(旅游法)' 개정안이 발효되었다. 여유법이란, 중국인 관광객의 권익을 보호하고 관광산업의 발전을 촉진하기 위해 중국에서 만든 관광 진흥법으로 10장 112조로 구성되어 있다. 개정안의 취지는 비합리적인 저가 상품을 없애는 데 있다. 그렇게 되면 우리나라에 중국인 관광객을 유치하기가 더 어려워질 터. 1967년 광고에서 강조했듯이 관광자원의 개발이 무엇보다 시급하다. 외국인들이 대한민국을 구석구석 둘러보고 만족할 수 있도록 공감을 일으킬 콘텐츠 말이다. 시장의 변화를 내다보는 통찰력을 바탕으로 우리만의 관광 콘텐츠를 개발해야 한다. 관광역조를 해소할 실마리가 거기에 있지 않겠는가.

귀성 열차표 예매 창구는 전쟁터

명절 때면 늘 그렇듯 추석 열차표를 앞다퉈 예매하느라 벌어지는 삽화들이 방송의 토막 뉴스로 자주 나온다. 민족 최대 명절인 추석을 앞두고 열차표를 예매하기란 예나 지금이나 어렵다. 인터넷 예매도 가능하지만 열차표가 채 1분도 안 돼 매진되기 때문이다. 심지어 '코레일 기차표 승차권 예매 확실한 성공법'이라는 인터넷 사이트가 있을 정도다. 스마트 미디어 시대에도 예매하려는 사람들이 서울역에 장사진을 치는 장면은 무척 인상적이다.

그땐 그랬다. 삼십여 년 전 신문을 보면 귀성열차표를 예매하기 위해 서울역 광장에서 텐트나 돗자리를 펴고 새우잠을 자는 사진이 자주 등장했다. 명절 때마다 계속되는 진풍경이었다. 그렇지만 1960년 이전 신문에는 이런 장면이 거의 등장하지 않는다. 1960년대 들어 경제개발계획에 따라 서울을 비롯한 대도시에 많은 일자리가 생겨났고, 일터를 찾아 도시에 정착한 사람들은 대부분 명절에만 고향을 찾았기 때문이다. 1970년대에는 구로공단에서 귀향 버스 수백 대를 전세 내 공장 근로자를 고향으로 보내주는 친절을 베풀기도 했지만, 대부분은 빨리 갈 수 있는 열차를 선호했다. 오죽했으면 귀성 전쟁이라는 표현까지 등장했겠는가.

秋夕歸省客에게 알려드립니다

鐵道廳에서는 秋夕歸省客 輸送期間(9.14~9.20)을 定하고 歸省客의 安全과 便宜를 爲해서 다음과 같이
臨時列車運行과 乗車券豫賣를 實施하오니 協助하여 주시기 바랍니다

9.15~16일(양일간)에는 列車를
調整 運行합니다.

臨時列車를 增設
하여 運行합니다

경부선	:	18개 열차
호남선	:	24개 〃
전라선	:	11개 〃
중앙선	:	16개 〃
장항선	:	13개 〃
기타선	:	5개 〃
계	:	87개 열차

乗車券豫賣窓口를
增設하였읍니다

서울역	:	35개소
용산역	:	10 〃
영등포역	:	13 〃
청량리역	:	6 〃
대전역	:	5 〃
동대구역	:	5 〃
부산역	:	13 〃
계	:	77개소

協助事項

1. 승차권 예매는 (출발·전일·전 9시)부터
매일오전 6시에서 오후 6시까지 발매합니다.

鐵道廳

추석 연휴 기간의 철도 운행 정보를 총정리한 철도청 광고(1978년 9월 5일, 「동아일보」)

철도청 광고 '추석 귀성객' 편(1978년 9월 5일, 「동아일보」)에
서는 "추석 귀성객에게 알려드립니다"라는 평범한 헤드라인
을 쓰고 있다. 지면 중앙에 열차가 달리는 장면을 제시하고
다음과 같은 보디 카피를 쓰고 있다.

"철도청에서는 추석 귀성객 운송기간을 정하고 귀성객의
안전과 편의를 위해서 다음과 같이 임시열차 운행과 승차권
예매를 실시하오니 협조하여 주시기 바랍니다." 열차 사진
왼쪽에는 87개 열차를 증설하고 77개 역에서 예매를 한다는
정보를 공지하고, 오른쪽에는 "매일 오전 6시에서 오후 6시
까지" 예매한다는 추석 기간 열차 운행 방안과 예매 정보를
상세히 설명하고 있다. 단순 정보면서도 "협조사항"이라고
표기한 점이 결코 평범하지 않다. 그 나름대로 고객 관점으
로 정보를 전달하려는 시도가 아니었을까?

지면의 오른쪽 부분을 보면 귀찮을 정도로 친절하게 일곱 가지 협조 사항을 설명하고 있다. 하행 특급 열차는 영등포역을 통과한다거나, 하행선 열차는 영등포부터 수원까지 모든 역을 통과한다는 내용이다. 이에 비해 요즘 광고에서는 정보를 자세히 알려주기보다 자세한 내용은 홈페이지에서 찾아보라고 하는 경우가 많다. 미리 알려주는 것과 찾아보라는 것 사이에는 엄청난 차이가 있다. 매표소를 소비자 관점인 '표 사는 곳'과 판매자 관점인 '표 파는 곳'이라고 표현하는 것처럼 말이다.

철도청이 코레일(한국철도공사)로 그 이름은 바뀌어도, 고객 관점에서 정보를 전달하려는 1970년대의 진정성만큼은 바뀌지 말았으면 싶다. 그래야 귀성객들이 고향으로 달려가는 열차에 더 즐겁게 오르지 않겠는가.

기내에서 담배 피우던 시절도 있었지

크리스마스를 전후해서 비행기에 올라 국내외 곳곳으로 떠나는 여행객이 많을 것이다. 마음만은 벌써 그 어느 곳에 가 있을 터. 이런 때 난데없이 2014년 12월 5일에 '땅콩 회항' 사건이 발생하자 대한항공은 국내외 도처에서 여론의

香煙 두대 피우실 사이에
여러분을 目的地까지
모셔 드립니다.

옆에있는 그림은 어느 顧客의앞에서
o림즈o를 업는것입니다.

그로든 여철같 旅行할때 機內에서
받게두루룩 지루고나니 딱배 釜山 飛行機
到着을 알리는 KAL o스튜워디스o의
案內말이 들려드랑니다.

「당싸두면 피울사이에 釜山까지…」
그快適함에 再三놀랍다는 것입니다.
그로든 安樂한座席도 印象的이라고 법고
말끝런지가 못못서 올라가더라치
感激되었던 飛行을 잊을수없다고 말했습니다.

KAL은 그로써의말을 엘의그림대라
올려 본것입니다.
여러분도 이 顧客저럼 저희들에게
o림즈o를 주지 않으시럽니까?

(알림) KAL은 서울~光州, 서울~大邱처
두路線을 新設하여 每日運航하고
있습니다.

*메KAL
대한항공

대한항공공사

빠른 속도를 강조하는 대한항공공사 광고(1963년 12월 21일, 「동아일보」)

못매를 맞았다. 인터넷 아고라에서는 대한항공의 유명한 광고 캠페인 문구인 "미국, 어디까지 가봤니?"를 "갑질, 어디까지 해봤니?"로 패러디하는 것을 비롯해 연일 성토대회가 열리는 등 사건의 파장은 쉽사리 가라앉지 않고 계속 증폭되었다. 국적기의 항공 역사가 70여 년을 넘겼는데도 오너 일가의 구시대적 행태가 사건을 저토록 키웠다니 안타까울 따름이다. 1960년대의 정부광고를 통해 항공 서비스의 일단을 엿보자.

대한항공공사(현 대한항공)의 광고 '쾌속'편(1963년 12월

21일, 「동아일보」)을 보자. 승객이 비스듬히 누워 있고 그 옆 재떨이에서 담배 연기가 피어오르는 그림이 가장 먼저 눈길을 끈다. "궐련(卷煙) 두 대 피우실 사이에 여러분을 목적지까지 모셔드립니다"라는 헤드라인을 써서 빠른 속도를 강조했다. 카피는 옆에 있는 그림이 어느 고객의 말씀에서 힌트를 얻은 것이라며 그 내용을 소개하고 있다. 며칠 전 기내에서 담배 두 대를 피우고 나니 벌써 부산 비행장 도착을 알리는 KAL "스튜워디스"의 안내 말씀이 들리더라는 것이다. "담배 두 대 피울 사이에 부산이라… 그 쾌속(快速)함에 재삼(再三) 놀랐다는 것입니다. 그분은 안락했던 좌석도 인상적이라고 했고 담배 연기가 꼿꼿이 올라가리만치 동요(動搖) 없었던 비행을 잊을 수 없다고 말했습니다." 광고 카피로 이런 고객의 칭찬을 전하며 단지 그분의 말을 그림으로 그렸을 뿐이라고 설명했다.

또한, 대한항공공사의 광고 '비행기의 혜택' 편(1964년 4월 4일, 「동아일보」)을 보면 비행기를 타려고 줄 서서 이동하는 사람들을 삽화로 묘사하고 있다. 이런 그림에 "왜 비행기 여행자가 느는지 아십니까?"라는 헤드라인으로 비행기 여행의 혜택을 제시한 것이다. 즉, "비행기 여행이 사실상 경제적이란 점, 안락하고 빠르고 안전하다는 점, 탑승 수속이 필요 없다는 점, 여승무원(스튜어데스)의 써비스가 만점이란 점, 전국

비행기가 주는 혜택을 알리는 대한항공공사 광고(1964년 4월 4일, 「동아일보」)

각 노선마다 매일 1왕복 이상의 비행편이 있다는 점"때문에 비행기 여행자가 늘고 있다고 설명했다.

1946년 3월에 설립된 대한국민항공사는 1962년 3월에 대한항공공사(大韓航空公社)로 전환되었다. 대한항공공사는 항공운송 사업과 부대사업을 통해 민간 항공의 발전을 도모하려는 목적에 따라 자본금 50억 원으로 설립된 대한민국 교통부 산하 최초의 국영 항공사였다. 사업 적자가 누적되자 정부는 1969년에 대한항공공사법을 폐지하고 한진상사에 대한항공공사를 인수하도록 함으로써, 대한항공은 민영화의 길을 걷게 되었다.

기내에서 담배를 피우던 때가 있었다니, 탑승 수속을 할 필요가 없었다니, 그야말로 호랑이 담배 피우던 시절의 이야기 같다. 그렇지만 광고에 나와 있듯이 이는 엄연한 사실이다. "왜 비행기 여행자가 느는지 아십니까?"라는 광고 메시지에 응답이나 한 것처럼, 온 국민이 안전성과 서비스를 믿고 비행기를 점점 더 자주 애용해왔다. 우리나라가 항공 대국으로 비상하는 데에는 비행기를 이용하는 사람들이 점점 늘어난 것이 가장 중요한 원동력이 되었으리라. '땅콩 회항' 같은 사건이 다시는 일어나지 않아야 한다. 국제적인 망신살을 사전에 막을 수 있는 예방책도 마련했으면 싶다.

전화기는 소중하게, 0번도 번호다

지금 우리나라는 스마트 열풍에 따라 급변하는 미디어 환경을 맞이하고 있다. 변화의 기폭제는 스마트폰인데, 2013년 10월 기준으로 스마트폰 사용자 수는 3,700만 명을 넘어섰다. 스마트 열풍은 산업과 사회, 문화의 흐름을 규정하는 핵심 키워드가 되었으며, 그에 따라 전통적 미디어의 영향력은 점점 감소되고 스마트 미디어를 비롯한 미디어 테크놀로지가 일상생활에 미치는 영향은 갈수록 커지고 있다.[2] 그런데 아, 아득하여라! 우리나라에도 전화 거는 방법을 가르치던 시절이 있었다. 45년 전으로 시간 여행을 떠나보자.

체신부(이후 정보통신부·방송통신위원회 등으로 개편)의 광고 '전화 거는 방법' 편(1969년 10월 11일, 「경향신문」)을 보자. "전

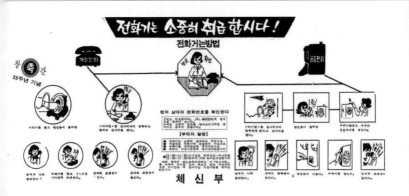

전화 거는 방법을 알려주는 체신부 광고(1969년 10월 11일, 「경향신문」)

화기는 소중히 취급합시다!"라는 헤드라인 아래 전화 거는 방법을 상세히 설명하고 있다. 전화를 하려면 "먼저 상대의 전화번호를 확인"해야 하는데 "0번도 번호"라며 "0020번에 걸 때 0번을 돌려야" 통화가 이루어진다는 점을 단계별로 설명하고 있다.

　가입전화는 다이얼을 손 고리까지 정확하게 돌리고 나서 손가락을 뺀 다음, 수화기를 들고 발신음을 들은 뒤, 상대의 호출음이 들리면 통화를 해야 한다고 했다. 그리고 상대의 화중음(상대가 통화 중임을 알리는 소리)이 들리면 수화기를 놓고 일이 분가량 기다린 후 다시 걸고, 상대가 나오면 통화를 해야 한다고 설명한다.

공중전화는 수화기를 든 다음 새 주화 5원짜리를 넣고, 발신음이 들리면 다이얼을 손 고리까지 정확하게 돌리고 손가락을 뺀 다음, 상대의 호출음을 들어야 한다고 했다. 수화기를 놓으면 넣은 돈이 나오는데, 그렇지 않고 상대의 통화음이 들리면 상대와 통화를 해야 한다는 것도 설명했다. 카피에서 전하는 설명만으로는 부족하다 싶었는지 각각의 상황을 그림으로 상세히 묘사했다. 오른쪽에서 왼쪽으로 읽어야 전화 거는 순서가 설명되는데, 왼쪽에서 오른쪽으로 읽는 지금과는 다르게 구성했다.

특히 재미있는 점은 광고 지면의 중앙 하단에 "부탁의 말씀"이라며 강조 부분을 배치했다는 사실이다. "전화기는 소중히 관수(간수)하여 주십시오." "마음대로 전화기에 손을 대지 마십시오." "수화기를 내려놓은 채 두지 마십시오." "전화는 다른 사람 집에 설치할 수 없습니다." "10:00~11:30. 15:00~17:00. 과히 급하지 않은 용무의 전화는 이 '러시아워'를 피하여 거시면 보다 빠르고 쉽게 거실 수 있으며 이 시간은 꼭 걸어야 할 다른 사람을 위하는 길입니다."

제 마음대로 전화기 화면에 손을 대야(touch screen) 스마트폰이 비로소 제 기능을 발휘하고, 통화의 러시아워가 따로 없이 24시간 내내 통화할 수 있으며, 스마트폰을 기반으로 하는 사회 관계망 서비스(SNS)가 보편적인 소통 도구가 되고 있는 요즘에 비춰보면, 부탁의 말씀에서 강조한 다섯 가지 사항이 마치 오래전 옛날이야기처럼 들린다. 하지만 불과 40~50여 년 전 일이다.

전화번호부는 참으로 귀하신 몸

공중전화 부스에 대롱대롱 매달려 있던 누런색 전화번호부를 기억하는가? 전화번호를 몰라 다급해질 때, '가나다'순으로 이름이나 상호를 찾다 보면 어느새 문제가 쉽게 해결되고는 했다. 스마트폰에 필요한 번호를 저장해 쓰는 요즘에는 전화번호가 거의 눈에 띄지 않지만 지금도 온·오프라인 전화번호 서비스가 있다. 전화번호부는 100여 년간의 통신 역사와 그 맥을 같이하며 오늘에 이르고 있다. 전화번호부가 정말로 귀하신 몸 대접을 받던 1970년대로 돌아가보자.

한국전화번호부공사(현 한국전화번호부주식회사)의 '광고 모집' 편(1971년 4월 5일, 「동아일보」)을 보자. 지면을 이등분해서 왼쪽에는 전화번호부 광고의 특성을 설명하고 오른쪽에는 광고 단가를 제시했다. "무엇을 원하십니까?"라는 의문형 헤드라인 아래 기업체가 유명해지기를 원하는지, 아니면 상품이 잘 팔리기를 원하는지, 그도 아니면 무엇을 원하는지 묻

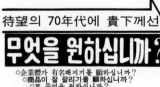

귀한 대접을 받던 전화번호부에 광고를 모집하는 공고(1971년 4월 5일, 「동아일보」)

고 있다. "소원을 이루어주는" 전화번호부 광고는 높은 공신
력, 많은 이용자, 싼 광고료, 좋은 효과, 긴 수명이 자랑이라
고 하면서 특히 500만 서울 시민이 주요 고객임을 강조하고
있다.

광고 형태도 요금에 따라 다양하다. '직업별 중복' 광고료
600원에서 '특대' 광고료 28만 원까지 크기나 유형별로 광
고료를 다양하게 제시함으로써, 광고주의 형편이나 필요에
따라 알맞게 선택하도록 했다. 더욱이 지면 중간에 "서울전
화번호부 광고모집 개시"라는 카피를 세로로 세워 지면을
좌우로 구분한 레이아웃이 특히 눈길을 끈다. 이렇게 레이아

웃을 하면 메시지를 단계적으로 읽어나가게 된다. 창의적인 광고에 필요한 구성 요인의 하나인 명료성을 구현하고 있는 셈이다.

한국전화번호부공사는 1966년에 출범한 이후 반세기 동안 전화번호를 제공하는 사업의 동반자이자 국민들에게 공공 생활정보 서비스를 제공해왔다. 그런데 1997년에 전화번호부 시장이 민영화된 이후, 전국 각지에 30~40개의 사설 전화번호부 업체가 난립해 KT를 사칭한 영업 행태가 많아 시장이 무척 혼탁해졌다고 한다. 기간통신 사업자에게 번호 안내 서비스를 위탁받아 전화번호부를 발행하는 번호 안내 사업자는 한국전화번호부의 'KT전화번호부 – 슈퍼페이지'가 유일하다. 전화번호 등재를 미끼로 광고비를 받거나, KT 전화번호부라고 속여 영업하거나, 자영업자에게 광고 계약을 유도한 다음 마구잡이로 과다 비용을 빼가는 경우도 흔하다고 한다.

귀하신 몸 대접을 받던 전화번호부도 이제는 귀하신 몸이 아니다. 미국에서는 지금도 옐로 페이지(yellow page) 광고라는 이름으로 전화번호부 광고가 귀한 주요 광고 장르로 대접받고 있다. 싼 광고료와 높은 광고 효과가 뒷받침되기 때문이다. 지난 시대의 통신 문화 흔적을 추억으로 보존해야 하는 상황에서, 전화번호부 시장이 혼탁하다고 하니 안타깝다. 앞으로는 이런 문제가 말끔히 해소되기를 바란다. 송구영신을 다짐하는 한 해의 끄트머리에 서면 많은 사람이 전화를 주고받을 것이다. 그때마다 전화번호부를 뒤적거리며 공중전화에 동전을 넣던 지난 시절의 추억을 떠올리며, 그 시절의 우정과 사랑까지 전해보는 건 어떨까?

학생과 치기

밤알 크기로 떠내야 했던 채변 봉투

새 학기가 시작되어 들뜬 마음으로 학교에 온 스마트 시대의 학생들에게 채변 봉투를 나눠주며 자신의 변을 담아오라고 하면 어떻게 반응할까? 모르긴 몰라도 거센 항의가 빗발칠 것이다. 요즘 학생들에게 이름조차 낯선 채변 봉투에는 엄마 아빠의 학생 때 추억이 오롯이 남아 있다. 1960년대 이후 채변(採便) 활동은 학생들이 봄과 가을이 되면 치러야 했던 연례행사였다. 기생충이 많던 그 시절, 채변 검사에서 기생충이 나온 학생들은 선생님 앞에서 친구들에게 놀림을 받

기생충박멸협회 광고(1983년 1월 6일, 「매일경제신문」)

으며 회충약을 먹어야 했다. 지금은 사라진 지난날의 아득한 교실 풍경이다.

한국기생충박멸협회(현 한국건강관리협회)의 '단가 입찰 공고'(1983년 1월 6일, 「매일경제신문」)를 보자. 이 광고에서는 월 간으로 발행되는 협회지, 비닐 봉투를 포함한 채변 봉투, 요 충 검사용 핀 테이프를 입찰에 부치고 있다. 채변 봉투는 수 량이 자그마치 1,359만 6,000매나 된다. 전국에 걸쳐 기생충

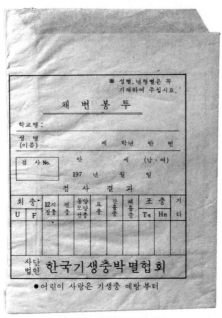

※ 성별, 년령별은 꼭
기재하여 주십시오.

채 변 봉 투

학교명 :

성 명
(이름)   제   학년   반   번

검 사 No.   만   세   (남·여)
                197   년   월   일

검 사 결 과

회충		12지장충	편충	동양모양선충	요충	간흡충	폐흡충	조충		기타
U	F							Ts	Hn	

사단법인 **한국기생충박멸협회**

●어린이 사랑은 기생충 예방부터

채변 봉투 샘플(1983년 1월 6일)

검사를 실시했다는 확실한 증거다. 입찰 보증금으로 "입찰
금액의 100분 10 이상의 현금 또는 시중은행 발행 자기앞수
표"를 요구했으니, 입찰에 응하려면 상당액의 자금도 필요
했으리라.

　채변 봉투의 겉에는 채변 요령이 빼곡히 차 있다. 반드시
본인의 변을 받고, 비닐 봉투에 넣을 때 봉투 입구에 변이 묻
지 않게 하고, 소독저로 세 군데 이상 밤알 크기로 떠내며,

넣은 변이 새어 나오지 않게 비닐 봉투를 실 같은 것으로 봉하라는 주의 사항이 적혀 있다. 시인 안도현은 「밤알 크기에 대한 성찰」이라는 에세이에서 "채변 시에는 소독저로 세 군데에서 밤알 크기만큼 떼어내어 봉투에 담으십시오"라는 대목이 지금까지도 풀지 못한 난해한 숙제였다고 추억했다.[3] 이미 오염된 똥을 왜 소독저로 떼어내라고 하는지, 밤알이 다 다른데 '밤알 크기'란 과연 얼마만 한 크기를 의미하는지 알 수 없었다는 것이다.

그 시절 채변 봉투를 가져오지 않은 학생들은 선생님께 벌을 받기도 했다. 깜빡 잊고 온 학생들은 친구 것에서 덜어 내 제출하기도 했다. 아무리 애써도 변이 나오지 않은 아이는 된장을 퍼서 슬그머니 집어넣거나 개똥을 넣어오기도 했다는 기사도 있다. 한국기생충박멸협회의 실태 조사에 의하면 1974년에 전 국민의 84퍼센트가 기생충에 감염되었다가 (1974년 4월 3일, 「동아일보」), 그 후 점점 줄어들었다. 기생충 문제가 얼마나 심각했으면, 1976년 9월 3일 한국기생충박멸협회 서울시 지부는 시민 기생충 관리 사업의 일환으로 기생충 홍보관까지 개관했겠는가? 지금 채변 봉투가 사라진 데에는 이렇게 열정을 쏟은 한국기생충박멸협회의 대국민 캠페인이 큰 영향을 미쳤으리라.

최근 13세 소년의 몸에서 나온 3.5미터 길이의 촌충 사진이 언론에 보도되었다. 이름도 어려운 광절열두조충이 회충약 한 알에 궤멸되었다고 한다. 앞으로 이런 일이 없으려면 아무래도 1970년대에 초등학생들이 「이순신 장군」 노래를 개사해 불렀던 「산토닌」이라는 회충약 노래라도 다시 불러야 할 듯싶다.

　이 배 속 침노하는 회충의 무리를~
　산토닌 앞세우고 무찌르시어~
　이 배 속 구원하신 산토닌 장군.
　우리도 산토닌을 애용합시다~

어린이대공원의 개장과 어린이날

　날아라 새들아~ 푸른 하늘을~
　달려라 냇물아~ 푸른 벌판을~
　5월은 푸르구나~ 우리들은 자란다~
　오늘은 어린이날 우리들 세상.

　어린이날 무렵 부른 이 노래가 아직도 귓가에 생생하다. 아동문학가 윤석중이 작사하고 작곡가 겸 아동문학가 윤극

영이 작곡한 「어린이날 노래」는 해마다 어린이날이 오면 우리 곁으로 찾아온다. 4분의 2박자 바장조 행진곡 풍의 동요. 이 노래는 이제 지금 어린이는 물론이고 예전에 어린이였던 어른들 모두에게 애창곡이 되었다. 어린이날은 1922년 소파 방정환 선생의 지도 아래 만들어진 이후 백 년 가까이 흐른 지금까지 모든 어린이에게 꿈을 심어주고 있다. 어린이날이 오면 아이들은 엄마 아빠의 손을 잡고 여러 공원이나 놀이터를 찾았다. 1973년 들어 비로소 어린이대공원이 개장되니 어린이날 축제의 놀라운 전환점이 아니었을까 싶다.

어린이대공원의 개장을 알리는 광고 '축 개장' 편(1973년 5월·5일, 「경향신문」)을 보자. 이 광고는 대림산업을 비롯한 26개 기업이 공동으로 참여해 집행한 것이다. 헤드라인에서는 "축 어린이대공원 개장"이라며 어린이대공원이 개장했다는 사실을 특별한 설명 없이 단순 고지했다. 그렇지만 서브 헤드라인에서는 "세계 최대의 어린이 전용 공원을 개장케 한 우리의 지혜!"라며 세계 최대라는 사실을 강조해 내세웠다. 당시에 정말로 세계 최대였는지 확인할 수 없지만 어린이대공원의 규모를 강조하기에는 충분한 메시지였다.

이 광고에서는 열한 개의 사진 컷으로 구성한 비주얼이 카피보다 더 인상적이다. 분수대, 벤취(의자), 괴목놀이는 지면 왼쪽에 배치하고, 미끄럼대, 음수대, 등책은 오른쪽에 배

어린이대공원 개장 축하 광고(1973년 5월 5일, 「경향신문」)

치했다. 놀이기구 모양을 하나하나 사진으로 찍어 생생하
게 제시하고, 사진 밑에 기증자의 이름을 명시했다. 광고 중
앙부에는 네 가지 주요 시설의 사진을 모아 원 모양으로 트
리밍해서 보여주고, 아래쪽에는 공원 배치도를 제시했다. 이
배치도는 요즘의 대공원 구조와 거의 일치한다. 어린이들은

이 사진들을 하나씩 보면서 놀이기구를 타는 장면을 상상했으리라. 360도 방향의 모든 경치를 담아내는 파노라마 카메라처럼 머릿속으로는 신나게 노는 꿈을 찍었으리라.

제51회 어린이날에 맞춰 개장한 어린이대공원은 원래 서울컨트리클럽의 골프장 부지였고, 그 이전에는 순종의 비인 순명황후 민씨의 능터인 유강원(裕康園) 자리였다.[4] 그 후 낡은 시설을 교체하는 단계적 리모델링 사업을 통해 2009년 5월 5일 재탄생한 이후, 어린이와 가족들에게 다양한 놀이 공간과 체험 프로그램을 제공하고 있다. 어린이대공원은 현재 서울시설공단에서 운영하고 있다. 동물 체험, 대공원 속 북카페, 숲 체험, 텃밭 체험 같은 열두 가지 체험 프로그램이 특히 인상적이다. 교육을 기본으로 하고 재미와 전문성을 더하니 한결 유익해졌다.

적어도 어린이날만이라도 우리나라 모든 어린이가 신나게 노는 하루가 되기를 바란다. 아이들은 많이 놀아야 한다. 놀면서 생각이 자라기 때문이다. 그런데 요즘 어린이들은 학원이니 뭐니 해서 공부만 하고 놀지 않는 경우가 많다. 방정환 선생은 "내 아들 내 딸이라고 자기 물건같이 여기지 말고 자기보다 한결 더 새로운 시대의 새 인물인 것을 알아야 한다"라는 말을 남겼다. 부모들이여, 자신보다 더 새로운 인물이 자식이라는 사실을 깨닫고 자식을 여기저기 학원으로만 내몰지 말자. 동화 『어린왕자』에 이런 구절이 나온다. "어른들은 누구나 처음엔 어린이였지만 그걸 기억하는 어른은 별로 없다." 부모들이여, 자신의 어린 시절을 떠올리며 자녀와 함께 유년의 뜰을 싱그럽게 거닐어보자.

난폭 운전에서 어린이를 보호하자

새 학기가 시작되면 지방자치단체들은 어린이 교통안전 대책을 내놓는다. 서울시에서는 2016년까지 어린이 교통사고 발생률을 절반 이하로 낮추기 위해 어린이 보호구역에 고원식 횡단보도(횡단보도가 좌우 보도와 같은 높이로 만들어진 형태) 설치, 지그재그 차선 설치, 과속 방지시설 설치, 과속 차량을 적발하기 위한 폐쇄회로TV 확대 설치, 교통안전 지도사 배치, 등하교 시간대의 차량 통행 제한구역 확대 같은 방안을 내놓았다. 다른 지방자치단체에서도 스쿨존 어린이 안전지킴이, 교통안전 교육, 어린이 안전체험교실 같은 아이디어를 제시했다.

정부에서는 이미 광복 직후부터 어린이 교통안전을 강조해왔다. 1947년에 미 제24군 헌병사령부와 한국 정부가 공동으로 홍보한 포스터 '어린이 교통안전' 편을 보자. "보호하자 어린이, 살피자 보행자"라는 한글 헤드라인과 "Protect Children! Watch Out For Pedestrians"라는 영어 헤드라인을 동시에 쓰고 있다. 당시엔 영어를 읽을 줄 아는 사람이 드물었을 텐데 영어 헤드라인을 병기한 이유는 무엇일까?

"교통안전 강조 운동은 미군과 한국 정부가 공동으로 하고 있는 공익사업의 하나이다"라는 마무리 카피에서 그 이유를 찾을 수 있을 터. 미군이 한국 정부보다 앞에 등장한다는 점을 보면 포스터 제작은 미군 헌병사령부가 주도했음이 분명하다.

이 포스터에서는 섬세한 터치의 삽화가 단연 눈길을 끈다. 군용 트럭이 다가오는데 어린이 셋이 길에서 공놀이를 하고 있고, 주부 둘이서 손짓하며 이야기를 나누고 있다. 공을 서로 붙잡으려는 아이들의 동작이나 주부들의 대화 장면이 사진을 찍은 듯 생생히 살아 있다. 크로키 기법으로 순간 포착한 밑그림을 그리고 색을 입힌 수작이다. 진녹색 군용 트럭은 어린이의 공놀이 장면과 강렬히 대비되며 위급한 상황을 알리는 장치로 설정되었다.

당시 언론에서도 교통안전 강조 운동을 상세히 보도했다.

"정부에서는 조선경찰대 24군단 미군 헌병대 등과 협력하여 8월 1일부터 서울을 중심으로 전국적으로 교통안전 강조 운동을 전개하기로 되었다."(1947년 8월 2일, 「동아일보」)

한미가 연합해서 만든 교통안전 포스터(1947년 8월 2일, 「동아일보」)

"미 제24군 헌병사령부 발표에 의하면 8월 한 달 동안 실시한 교통안전 강조 운동은 대단히 좋은 성과를 걷우고(거두고) 끝맞추었는데(끝났는데) 이를 한층 더 철저히 전개하기 위하여 10월 1일까지 연기하기로 되었다 한다."(1947년 9월 14일, 「경향신문」)

캠페인 기간을 연장했다는 사실에서 교통안전 강조 운동이 대단한 성과를 얻었음을 알 수 있다.

어린이 교통사고는 대부분 학교 주변에서 발생하고 있어 더 안타깝다. 어린이는 머리가 큰 신체 구조 때문에 잘 넘어지고 상황 판단력도 어른보다 떨어진다. 교통사고가 나면 어린이는 어른보다 사망하거나 다칠 위험이 세 배나 높다고 한다. 이런 상황에서 교통안전에 관련된 정부 기관에만 어린이 교통안전을 맡길 수 없다. 어린이의 생명을 앗아가는 가슴 아픈 사고를 예방하는 데 어른들이 먼저 나서야 한다. 어린이 교통 사고율을 낮추는 데 특히 안전 불감증에 걸린 난폭 운전자들의 대오각성이 필요하다.

불조심 웅변대회의 열기 속으로

"자나 깨나 불조심!"

불조심을 강조하는 대표적인 슬로건이다. 식목일에 나무를 심는 것도 중요하지만 식목일을 전후로 해서 연중 산불이 가장 많이 발생한다고 하니 아이러니가 아닐 수 없다. 실제로 식목일에 산불이 연평균 18건 발생한다는 통계가 있는데, 평일의 여섯 배에 이르는 수치다. 최근에는 기후 변화로 인해 산불이 갈수록 늘어나는 추세라고 하니 더 세심한 주의가 필요하다. 기온이 높고 건조할수록 바람이 강할수록 산불이 쉽게 번지는데, 고온 건조한 날씨 탓에 2010년 이후 식목일 즈음의 산불 발생 횟수도 1990년대에 비해 52퍼센트나 급증했다고 한다.

정부에서도 1970년대 이후 다양한 불조심 캠페인을 전개해왔다. 내무부(현 행정자치부)가 후원하고 한국화재보험협회가 주최한 '불조심 웅변대회' 고지 광고(1977년 10월 7일, 「동아일보」)를 보자. 헤드라인은 "제1회 전국 남·여학생(초·중·고) 불조심 웅변대회"다. "범국민적으로 방화(防火) 의식을 고취하기 위하여" 웅변대회를 개최한다는 취지로 대회의 상세한 요강을 밝혔다. 가장 강조한 것은 "방화 예방 의식을 고취시키고 불조심의 생활화를 촉구하여 화재 없는 복지국가 건설에 이바지할 수 있는 내용"이다.

웅변 시간은 초등부가 5분, 중고등부가 6분이었다. 웅변대회에 앞서 "원고 합격자 발표"를 먼저 한 것으로 보아, 예선에서 먼저 제출된 원고를 검토해 심사를 거친 다음 그 기준을 통과한 학생들에게 본선에 나갈 기회를 주었음을 알 수 있다. 본선에 진출한 학생들은 전국 방방곡곡의 교정에서 두 주먹을 불끈 쥐고 "~하자고 이 연사 소리 높여 외칩니다, 여러분!" 하며 목청을 돋웠을 것이다.

1970년대는 '웅변대회의 시절'이라 할 정도로 다양한 주제의 웅변대회가 전국적으로 열렸다. 반공 웅변대회가 대표

第1回 全國 男·女學生(初·中·高)
불조심 雄辯大會

本協會에서는 汎國民的으로 防火意識을 鼓吹하기 위하여 다음과 같이 全國 男女學生 雄辯大會를 開催하오니 많은 參加를 바랍니다.

< 다 음 >

1. 日　時 : 1977年 11月 4日　午前 10時
2. 場　所 : 本協會 大講堂
3. 內　容 : 火災豫防意識을 鼓吹시키고 불조심의 生活化를 促求하여 火災없는 福祉國家建設에 이바지 할수있는 內容
4. 範　圍 : 初·中·高等部　3個部門
5. 時　間 : 初等部 < 5分 >
　　　　　 中·高等部 < 6分 >
6. 提出書類 : 가. 原稿 2통 (200字 原稿紙)
　　　　　　 나. 所屬學校長 推薦書　1通
　　　　　　 다. 名啣判寫眞　1枚
7. 接受磨勘 : 1977年 10月 24日　午後 6時
8. 原稿合格者發表 : 1977年 10月 27日　中央紙 1個紙에 發表및 個別通知
9. 接受處 : 서울特別市 永登浦區 汝矣島洞 1~614
　　　　　 韓國火災保險協會 弘報部
10. 施　賞 : 가. 特賞 1名 : 賞狀·優勝杯·副賞
　　　　　　 나. 各部門最優秀賞 3名 : 賞狀·트로피·副賞
　　　　　　 다. 各部門優秀賞 3名 : 賞狀·트로피·副賞
　　　　　　 라. 各部門獎勵賞 6名 : 賞狀·트로피·副賞
11. 其　他 : 자세한 內容은 本協會 弘報部 또는 各支部로 問議하시기 바랍니다
　　　　　 서울 : T E L ㉔0082~5 ㉓1695~8 ㉔4106~10
　　　　　　　　　(弘報部交換) 441~444
　　　　　 釜山 : ②7634　大邱 : ④4845　大田 : ②2807
　　　　　　　　　 ④4807　　　　　　 7144　　　　　 ③6334
　　　　　 光州 : ②2279　全州 : ②2655　仁川 : ②1446
　　　　　　　　　 3087　　　　　　 8827　　　　　 5144

1977. 10. 7

主催 : (로고) 社團法人 韓國火災保險協會
後援 : 內　　務　　部
協賛 : 大韓雄辯中央會

불조심 웅변대회 광고(1977년 10월 7일, 「동아일보」)

적이었고 불조심 웅변대회도 단골 주제였다. 그 시절의 웅변 대회가 학생들에게 획일적 사고를 주입하기 위한 관제 기획 행사라는 비판의 목소리도 있었지만 꼭 그렇게만 볼 일은 아니다. 웅변대회는 학생들에게 자신감을 높여주는 동시에 제한된 시간 안에 자신의 주장을 효율적으로 전달하는 능력 을 길러주는 생생한 프레젠테이션 교육의 현장이다. 지금은 웅변대회가 거의 사라졌지만 아직도 지역의 소방서 단위로 관내 학생들을 대상으로 불조심 웅변대회를 개최하는 곳이 많다.

아무튼 나무 심기도 중요하지만 심은 나무를 화재에서 보호하는 일은 더더욱 중요하다는 사실을 명심하자. 소방방재 청(현 국민안전처) 역시 한식날을 전후해 119소방헬기를 투입해 산불예방 홍보 활동을 펼치고 있지만 이런 정부기관의 노력에는 한계가 있을 수밖에 없다. 그 무렵엔 불을 피우지 말고 찬밥을 먹어야 한다는 뜻에서 한식(寒食) 또는 냉절(冷節)이라고 날짜까지 못 박은 조상들의 지혜가 오히려 돋보인다. 기후 변화로 최근 30년 동안 봄철 기온은 0.6도 올랐지만 습도는 오히려 6퍼센트 낮아져 산불이 일어날 가능성이 더 높아진 상황에서 담뱃불 같은 불씨 관리에 각별한 주의를 해야겠다. 불조심 웅변대회는 입으로 하는 웅변이지만 몸으로 실천하는 웅변이 더 값진 웅변이 아니겠는가. "꺼진 불도

다시 보자!"

우수 교양도서의 선정과 독서열

문화체육관광부는 해마다 우수 교양도서를 선정해 발표하고 있다. 국민들의 독서 의식을 고취하기 위한 사업이기도 하지만, 한 해의 출판 성과를 총정리하고 늘 예산 문제로 어려움을 겪고 있는 출판계를 지원하는 성격도 강하다. 1968년에 시작된 이 소중한 전통은 문화체육관광부의 전신인 문화공보부가 시작했다. 벌써 사십 년 세월이 지나는 사이에 수많은 양서가 선정 발표되었고 그 내용은 고스란히 우리에게 마음의 양식이 되어왔다. 해마다 우수 교양도서를 모집하는 공고가 나갔고 선정 결과를 발표했다.

문화공보부의 공고 '청소년 우량도서 선정' 편(1971년 7월 13일, 「동아일보」)을 보자. 이 공고에서는 "청소년을 위한 우량도서"를 선정한 다음 저자명을 비롯한 서지 사항을 자세히 공고했다. 그 내용을 들여다보면 『그리스신화』나 『죄와 벌』 같은 세계문학, 『징기스칸』이나 『콜럼버스』 같은 위인전, 『메아리 소년』이나 『언덕 위의 푸른 집』 같은 아동문학, 『파브르의 곤충기』나 『동물기』 같은 사상(事象) 전집을 두루 포괄하고 있다. 그 시대의 필독서를 엿볼 수 있는 자료라는 점에서 자못 흥미롭다. 더욱이 그 책들은 읽을거리가 많지 않던 시절에 문화공보부에서 보증까지 해주었으니 양서의 반열에 올랐으리라.

그런데 청소년이 이해하기 어려운 책도 선정되었다. 그 나름대로 타당한 이유가 있었겠지만 좀 이해하기 어려운 점도 눈에 띈다. 예를 들어, E. H. 카(Carr)의 『역사란 무엇인가』는 청소년이 이해하기에 상당히 어려운 책이다. 청소년용으로 쉽게 풀어쓴 책인가 했더니, 길현모 교수의 번역으로 탐구당에서 출판한 원본이다. 『역사란 무엇인가』는 어떤 서적인가? "역사는 현재와 과거 사이의 끊임없는 대화"라는

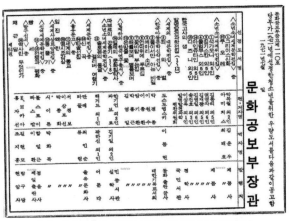

우량도서를 권장하는 문공부 공고(1971년 7월 13일, 「동아일보」)

명제로 유명한 당대 최고의 역사가가 쓴 책을 우리나라 서양사학계의 원로 길현모 교수가 공들여 번역한 걸작이다.[5] 1980년대에는 의식 있는 대학 신입생의 필독서로 여겨져 금서 목록에 오르기도 했다. 어느 한 순간도 역사가(지식인)는 시대의 산물임을 잊어서는 안 된다는 가르침이 돋보이는 역사철학 명저를 대학생이나 일반인을 위한 우량도서로 선정했다면 모르겠으나, 청소년 도서로 선정했다니 다소 뜻밖일 수밖에. 그 내용을 이해할 수 있는 청소년이 과연 몇이나 되었을까 싶다.

우수 교양도서를 선정하고 지원하는 사업은 좋은 책의 출판을 진작하고자 문화공보부가 1968년에 시작해 지금에 이르고 있다. 지금은 문화체육관광부와 한국출판문화산업진흥원이 주관하며 철학, 예술, 문학 등 열한 개 분야에서 우수도서를 뽑는다. 해마다 400여 종의 우수 교양도서가 선정되는데, 이 책들은 문체부가 구입해 공공 도서관, 벽지의 초중고교, 작은 도서관, 병영 도서관, 지역아동센터 같은 2,500여 곳에 배포하기 때문에 책의 유통 면에서도 주목할 만하다.

우수 교양도서 지원 사업은 앞으로도 지속되어야 한다. 그렇지만 갈수록 독서 인구가 줄어드는 상황에서 선정된 우수 교양도서를 어떻게 독서 인구의 증가로 연계할 것인지 출판계와 함께 궁리해야 할 것 같다. 1971년 광고에서 알 수 있듯이, 당시에 우수 교양도서는 늘 여름방학이 시작되는 7월 중에 발표했다. 방학 때 학생들이 그 책을 읽도록 하기 위해서였다. 우수 교양도서 가운데 한 권을 읽고 독후감을 써내는 방학 숙제도 빠지지 않았다. 좋은 책을 만나게 해주는 길라잡이 역할을 톡톡히 해온 우수 교양도서, 그 책들이 도서관의 서가에 꽂혀 있지만 말고 독자들의 손에 들려 독서열에 빠지게 할 창의적인 아이디어가 필요하다.

고전 읽기 열풍이 다시 불어야 한다

해마다 반복되는 일이지만 새해가 시작되면 책을 읽자는 취지로 독서 캠프, 독서 교실, 독서 여행, 독서 논술 등 이런저런 독서 운동이 기획된다. 책 읽기란 연중 계속해야 하는 일이지 어찌 새해 계획이랄 수 있을까만, 독서 인구가 줄어드는 탓에 이런 캠페인까지 기획해야 했으리라.

독서량이 꾸준히 감소해 대학 도서관에는 폐기를 앞둔 장서가 늘고 있다고 한다. 지하철에서도 스마트폰을 쳐다보는 사람이 대부분이지 책 읽는 사람은 거의 찾아보기 힘들다. 볼거리나 읽을거리가 너무 많은 탓도 있겠지만 습관이 몸에 배지 않아 책을 안 읽는 경우도 많을 터. 국가 차원에서 기획

했던 고전 읽기 열풍에 다시 불을 붙일 수는 없을까?

한국자유교양추진회의 광고 '고전 공급인' 편(1971년 1월 30일, 「동아일보」)을 보자. "자유교양 고전 공급인 모집"이라는 헤드라인 아래 "70년도엔 130여 만 명이 고전읽기에 참가했읍니다"라며 도서 보급에 대한 기대감을 강조하고 있다.

"좋은 책을 싸게, 어디서나 사볼 수 있도록 하고, 각급 교육기관에 고전을 납품할 건실하고 의욕 있는" 도서 공급인(서적상)을 모집한다는 내용이다. 현재 서적상을 경영하면서

고전 도서 공급자 모집(1971년 1월 30일, 「동아일보」)

전국서적상연합회장, 각 교육기관장, 시·도지부장의 추천을 받아야 하고, 현금이나 당좌수표로 도서를 구입할 능력이 있는 사람이라면 자격 조건을 충족했다.

고전 공급인을 시·군 단위로 한 명만 선정했다는 점에서, 고전 도서 공급자로 선정될 경우에는 거의 배타적이고 독점적인 권리를 누릴 수 있는 좋은 조건이었다. 거의 모든 모집 공고가 그렇듯이 별도의 비주얼을 쓰지 않고 전달하려는 내용을 카피 위주로 구성했다. 전년도에 130여 만 명이 고전 읽기에 참여했다는 사실을 강조함으로써, 납품을 많이 할 수 있다는 기대감을 표현한 것이 서적상의 관심을 유도할 설득 코드라고 하겠다.

우리나라에는 1968년 이후 읽기 행사를 주도한 국가 단체가 두 개 있었다. 문화공보부 산하 단체인 한국자유교양추진회는 초·중·고 학생과 대학생들에게 지정된 고전을 읽게 한 다음 자유교양 경시대회를 거의 매년 개최했다. 지역 예선을 거쳐 본선에서는 대통령기를 '쟁탈'하는 것이었다. 1968년에 제1회 '대통령기 쟁탈 고전읽기 대회'가 열렸다. 또한 문교부(현 교육부) 산하 단체인 한국자유교육협회에서는 고전 국역 사업과 출판 사업을 활발히 전개했다.

당시 언론은 고전 읽기 대회를 긍정적으로 평가했다. '주체성과 자유교양 운동'이라는 문화 칼럼에서는 "중국의 사서삼경(四書三經) 등 남의 고전도 우리 것으로 보다 차원 높은 우리 문화의 한 부분으로 재생(再生)시키며, 보다 폭넓은 세계 속의 한국을 재발견"(1968년 11월 21일, 「동아일보」)하게 한다는 데서 독서 운동의 가치와 의의를 찾았다.

강제로 책을 읽히려는 운동이 효과가 있겠느냐며 반문할 수도 있겠다. 당시 신문 기사에서는 "학생 독서량 늘어… 양서 읽기, 독후감 쓰기 의무화 등 주효(奏效)"(1971년 8월 12일, 「동아일보」)라며 강제 독서의 효과를 강조하고 있다. 만약 기업의 입사 서류에 그동안 읽은 교양도서 100권의 제목을 첨부하라고 하면 억지로라도 대학생들이 책을 읽지 않을까? 인문학이 중요하다고 말로만 외치지 말고, 다시 고전을 읽게 할 구체적인 방안을 찾아야 할 때다.

10장을 11장으로 자른 학생 회수권

최근 버스 요금으로 1,000원짜리 지폐를 절반으로 잘라 한쪽만 내는 얌체 승객들이 늘고 있다고 한다. 1,000원권을 반으로 잘라 지폐 끝을 말거나 접어 버스기사의 눈을 속이거나 나머지 반쪽에 종이를 붙여 손으로 가린 다음 슬쩍 요금함에 넣는다는 것. 얌체 승객은 언제나 있었지만 최근에는

이런 행위가 중고생들 사이에서 유행처럼 번지고 있다고 한
다. 시내버스 교통카드가 일반화된 상황이라 드물어졌지만
반쪽 지폐의 사용은 명백한 범법 행위다. 어떤 케이블TV에
서 방영한 드라마에서 1980~1990년대에 학생들이 버스 회
수권을 조금씩 늘린 다음 잘라 사용하는 장면이 나왔는데,
학생들이 그 장면을 모방하는 듯하다. 맞다. 그런 시절이 있
었다.

서울특별시 시내버스여객자동차운송사업조합이라는 정
말 긴 이름의 단체에서 낸 광고 '학생 회수권' 편(1970년 12월
10일, 「동아일보」)을 보자. "학생 회수권 제도 실시에 대하여"
라는 헤드라인 아래 "시내버스를 이용하시는 학생 여러분
및 학부형 제위께" 드리는 말씀을 깨알같이 설명하고 있다.
학생 회수권은 각 학교 서무과에서 판매 취급하고 있으며,
학생들의 부담을 덜기 위해 권당 25매였던 것을 권당 10매
로 개정해서 판매한다는 내용. 승차 회수권의 사용 기간은
2개월인데 유효기간 전에 사용 잔량을 현금이나 신권으로
교환해주며, 학생 승차 회수권은 학교 당국에서 요구하는 대
로 제한 없이 판매한다는 것. 또한, 그동안 현금 판매만 해왔
으나 학생들에게 적기에 공급하기 위해 학교장의 요청에 따
라 위탁판매 제도를 병행 실시한다는 것이다.

단순한 공고 형식이지만 기성세대의 입장에서 보면 추억

학생회수권 제도
실시에 대하여

시내버스를 이용하시는 학생여러분및 학부형 제위께 드림

버스요금 인상에 따라 종전에 폐지되었던 학생요금 할인 제도가 부활실시됨에 있어서 우리 업자 일동은 보다 합리적이고 편리한 방법을 택하여 학생 승차회수권제도를 관계 당국 (서울시교육위원회, 서울시 관광운수국) 과 협의하여 실시하고 있습니다다만은 일부 몰지각한 종업원의 처사로 인하여 사회에 물의를 일으킨데 대하여 관계당국및 시민여러분에게 심심한 사과를 드리는 동시에 본회수권제도시행 내용을 다음과같이 천명하오니 학부형 제위및 학생 여러분은 본제도시행의 근본적 목적을 이해하시고 명랑한 시민교통운영을 기할수 있도록 적극 협조하여 주시기 바랍니다

1. 학생회수권은 각급학교 서무과에서 판매 취급하고 있습니다

2. 종전 승차회수권은 권당 25매를 학생들의 부담을 덜기 위하여 권당 10매로 개정 실시하고 있습니다

3. 승차회수권의 사용기간은 2개월입니다. 유효기간전에 사용잔량을 현금 또는 신권으로 교환하여 드리며 수수료를 받지 않습니다 (사용기간을 설정한것은 위조 승차권을 방지하기위한 만부득한 조치오니 이해하시고 협조하여 주시기 바랍니다)

4. 학생 승차 회수권은 학교 당국에서 요구하시는대로 제한 없이 판매하고 있습니다

5. 당조합은 그간 현금 판매제도만을 택하여 왔으나 학생들에게 적기에 공급을 하기 위하여 각급 학교장의 요청에 의한 위탁판매 제도를 병행 실시하고 있습니다

이상과같이 우리 업자들은 학생회수권 제도의 원활한 운영 관리를 위하여 전력을다하고있습니다 일일 일반버스를 이용하시는 60여만명의 학생 여러분및 학부형 제위께서는 본제도를 다시한번 이해하시고 적극 협력하여 주시기 바랍니다 끝으로 당 조합으로서는 내외적인 제봉과 1만여명 종업원의 교양을 철저히하여 다시는 이러한 불미스러운일이 일어나지 않도록 최선을 다하겠습니다

1970·12·9

서울특별시 시내버스여객자동차 운송사업 조합
이사장 정 용 락

◎학생회수권제도와 일반시내버스승에대한 비판전이 있으신분은 다음 주소로 서신 또는 전화로 연락바랍니다
서울특별시 시내버스여객자동차운송조합 서울특별시중구을지로4가39
전화 ㉒2594·2595·2245·3587

학생 회수권 광고(1970년 12월 10일, 「동아일보」)

이 서려 있다. 왜 승차권이 아닌 회수권(回數券)이었을까. 회수권은 버스회사 사장들이 기사들을 의심해 만들었는데, 손님의 승차라는 개념보다 요금을 거둬들인다는 의미가 반영되었기 때문이다. 회수권 제도는 실효성 문제로 인해 실시와 취소를 몇 번씩 반복한 끝에 오늘의 버스 카드에 이르고 있다. 학교 서무과나 구내매점에서 회수권을 구비하지 않아 학생 불편이 크다는 지적도 많았다. 1999년에는 토큰 제도가 폐지되고 지불수단이 교통카드와 현금으로 단순화되었다.

그때는 그랬다. 10장짜리 회수권을 정교하게 잘라 11장으로 만들기. 그림에 소질 있던 녀석은 사인펜으로 진짜 회수권과 거의 똑같은 회수권을 만들었다. 이런 짓을 하다 차장에게 걸려 치도곤을 당한 통학생들도 있었다. 김진의 만화 『모카커피 마시기』에는 중학생이 된 소년이 자랑스럽게 회수권을 꺼내며 "난 더 이상 어린애가 아니야"라며 우쭐해하는 장면이 나온다.[6] 회수권은 빨리 어른이 되고 싶었던 미성년자의 기대 목록이기도 했으니까. 술자리에서 자랑삼아 자주 꺼내 쓰는 무용담들이다.

어디까지나 그때 그 시절 이야기다. 요즘 학생들이 '버카충'(버스카드 충전)이라는 약어를 자주 쓰면서도, 버스카드를 충전하지 않고 1,000원짜리 지폐를 절반으로 잘라 낸다면 문제가 아닐 수 없다. 현행 형법상 지폐를 고의로 찢어 반쪽 지폐로 만들거나 이를 불법 운임으로 사용하면, 사기나 통화 위조죄로 무기 또는 2년 이상의 징역형에 처해진다고 한다. 지난 시절을 돌이켜보면 좋은 추억도 많다. 좋은 추억이 담긴 장면을 모방하기에도 학창 시절은 너무 짧다.

농촌과 전통

정부 양곡 보관 창고의 놀라운 변신

단풍이 산허리까지 내려앉아 형형색색의 자태를 뽐낼 즈음, 들녘에서는 가을걷이가 한창이다. 추수가 끝나면 농촌의 읍면 단위로 벼 수매를 시작한다. 지역에 따라 사정이 다르겠지만 대개 10월 초에서 11월 말까지 공공 비축용 벼 매입에 들어가는 것이다. 농민들은 정부의 추곡 수매량에 따라, 그리고 특등품, 1등품, 2등품 같은 등급에 따라 울다 웃다를 반복한다. 논에서 갓 추수한 그대로인 산물벼, 추수한 벼를 햇빛이나 건조기에서 말린 건조벼(톤백벼), 공공 비축을 위해 양곡 보관 창고 광고(1974년 6월 5일, 「동아일보」)

　자루에 담은 포대벼 같은 여러 형태로 양곡 수매가 이루어
진다. 수매한 벼는 전국 곳곳에 있는 정부 양곡 보관 창고로
옮겨진다. 정부에서는 1970년대 이후 전국 각 지역에 양곡
보관 창고를 많이 지었다.

　농수산부(현 농림축산식품부)의 공고 '양곡 보관 창고' 편
(1974년 6월 5일, 「동아일보」)을 보자. "정부 관리 양곡 보관 창
고 건설 신청"이라는 헤드라인에 이어 다음과 같은 내용을
강조했다. 세계의 식량 사정이 좋지 않은 상황에서 "정부미
를 전량 혼합곡(混合穀)으로만 방출하여 가일층(加一層)의 절
미(節米)와 그 소비 절약에서 얻어지는 쌀은 여유 있게 사전
비축하기" 위해 창고를 건설한다는 것이다. 1975년까지 양
곡 보관 창고를 980동 건설하기로 했으니 희망자는 신청하

라는 내용이다. 이 창고들에 한해 보관료를 정부의 당시 최고 보관료보다 20퍼센트를 더 지급한다고 했으니 신청자들이 몰렸으리라. 1974년에 이미 충남 53동, 전북 95동, 전남 145동, 경북 81동, 경남 116동 해서 모두 490동의 양곡 보관 창고를 건립했다는 사실도 강조하고 있다.

예로부터 곡물을 보관하는 곳을 창(倉), 병기나 보물 같은 물건을 보관하는 곳을 고(庫)라고 했다. 예를 들어, 지하철 6호선의 광흥창(廣興倉)역은 관리들에게 지급할 녹봉을 곡물로 보관했던 곳이었고, 중앙선의 서빙고(西氷庫)역은 조선 초기에 보물 같은 취급을 받았던 얼음을 보관하던 곳이었다. 어쨌든 창고에 보관하는 정부미는 비상용으로 쓰일 사전 조치의 쌀이라는 성격이 강했다.

그렇지만 세월의 변화에 따라 양곡 보관 창고의 인기도 달라졌다. "양곡 보관 창고 1978년 천 동 건립"(1977년 10월 15일, 「동아일보」)이라며 대단한 인기를 끌었지만 십여 년 만에 "정부 양곡 보관 창고 수지 안 맞아 사양길. 한해 1백 ~3백여 동(棟) 휴·폐업"(1989년 4월 3일, 「매일경제신문」)이라는 기사가 나올 정도로 인기가 떨어졌다. 최근에는 시골의 골칫거리가 되는 경우도 있는데, 이런 상황에서 2013년 6월 개관한 전북 완주의 삼례양곡창고가 삼례문화예술촌 '삼삼예예미미'로 탈바꿈한 것은 세간의 주목을 끌 정도로 놀라운 변신

사례다.[7]

등록문화재 제580호인 삼례양곡창고는 1920년대에 건립
된 것으로 추정되며, 창고 건축의 전형적인 형태를 갖추고
있다. 일제강점기에는 쌀 보관 창고로 쓰였다. 호남평야 쌀
수탈의 역사를 간직하고 있는 역사적 증거물인 셈이다. 이
창고를 책 박물관이나 갤러리 같은 문화공간으로 리모델링
해 한 해 수만 여명이 찾는 삼례문화예술촌으로 바꿔놓았으
니, 죽어가는 양곡 보관 창고에 새 생명을 불어넣은 셈이다.

"나라의 쌀독이 차야 나라가 잘산다"는 속담이 있다. 나라
가 잘되려면 무엇보다 식량 사정이 좋아야 함을 비유한 말
이다. 식량의 안정적 공급과 식량 자급률 증대는 식량 안보
측면에서 농업과 농촌의 가장 중요한 가치다. 이밖에도 적
절한 재고 관리도 빼놓을 수 없이 중요한 문제다. 전국 곳곳
에 산재해 있는 양곡 보관 창고들! 화재 예방, 침수 피해, 안
전사고 같은 전반적인 시설관리에 더 깊은 관심을 기울여야
한다. 그렇지만 꼭 필요하지 않은 양곡 보관 창고에 대해서
는 삼례양곡창고처럼 새롭고도 창의적인 용도를 찾기 위해
머리를 맞대야 할 것이다.

농어촌의 소리 없는 변화와 삶의 질

국가 간 자유무역이 활성화됨에 따라, 농산물 수입국은
자국의 농어촌을 보호하기 위한 각종 정책을 개발하고 있
다. 농어촌의 식량 공급 기능과 환경 보전 같은 비(非)식량
공급 기능을 포괄하는 농어업 농어촌의 다원적 기능(multi-
functionality)에 주목하고 있는 것이다. 여러 연구 결과를 종합
하면 농어업과 농어촌의 다원적 기능은 홍수 조절 기능, 수
자원 보호 기능, 수질 정화 기능, 토양 유실 방지 기능, 대기
정화 기능 등 다섯 가지로 요약된다.[8]

우리나라에서도 2009년 전후로 도시화와 산업화의 주
역인 1955년생 베이비부머가 은퇴하며 귀농귀촌(歸農歸村)
인구가 증가했다. 농림축산식품부의 2012년 자료를 보면,
2011년에 1만 503가구(2만 3,415명)가 농어촌에 정착해 사상
최고치를 기록했다.[9] "촌(村)스러워 고마워요" 같은 귀농귀
촌을 권유하는 정책 홍보도 영향을 미쳤으리라.

현재 농어촌의 생활환경 정비나 경관 개선 등 정부 주도
사업이 시행되고 있다. 그렇지만 농어촌 주민의 고령화 추
세, 다문화 가정 증가, 여성의 사회적 역할 향상에 따라 계층
구조나 인구사회학적 변화가 깊숙이 진행되고 있어, 체계적
인 계획 수립에 어려움이 많을 터다. 농어촌 문제는 어제오

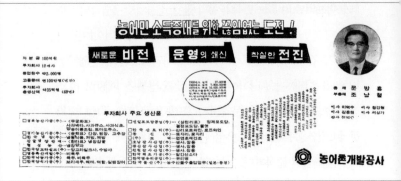

농어촌 발전을 고민하는 농어촌개발공사 광고(1970년 8월 25일, 「매일경제신문」)

늘의 일이 아니었다.

농어촌개발공사(현 한국농어촌공사)의 광고 '소득증대'편
(1970년 8월 25일, 「매일경제신문」)을 보자. "농어민 소득증대를
위한 끊임없는 도전!"이라는 헤드라인 아래 새로운 비전과
운영의 쇄신, 착실한 전진을 강조하고 있다. "농수산물의 저
장, 처리, 가공 및 수출 사업을 육성 발전시킴으로써 농어민
의 소득 증대에 기여하고 있으며, 기업 체질의 개선, 경영의
합리화, 정밀한 기업 진단 및 사후관리를 통하여 새로운 전
진을 다짐합니다" 같은 보디 카피에서 알 수 있듯이, 정부에
서는 일찌감치 농어촌의 발전 문제를 고민했다.

광고 지면에 투자 회사의 주요 생산품 목록을 나열하고,
1968년 이후의 수출 실적을 소개한 점은 장점을 알리는 광

고의 본질적 기능이다. 그렇지만 연간 100만 명을 고용한다는 주장은 허풍에 가까우며, 농어촌개발공사 총재의 사진을 증명사진으로 새겨넣은 것은 요즘 기준으로 볼 때 무척 낯설고 어색하다. 어쨌든 이 광고에서 농어민 소득 증대를 위한 정부의 의지를 엿볼 수 있다.

한국농어촌공사는 1908년 수리조합(토지개량조합)으로 설립된 이후 지금까지 급격한 도시화와 농가 인구 감소 속에서도 쌀의 자급 기반을 마련했고, 간척 사업을 통해 서울시 면적의 2.5배에 이르는 국토를 확장해왔다. 그렇지만 그것만으로 농어민의 '삶의 질'의 영역까지 확장해왔다고 보기는 어렵다. 아직 우리 농어촌은 선진국의 농촌이나 우리나라의 도시 지역에 비해 주민의 삶터나 일터 측면에서 취약하다. 농어촌이 도시보다 살기 좋은 곳이라고 하기 어려울 뿐 아니라, 시간이 갈수록 지역별 격차도 커지고 있다.

흔히 해마다 돌아오는 11월 11일은 '빼빼로 데이'라고 하지만 '농업인의 날'이기도 하다. 현재 깊숙이 진행되고 있는 농어촌의 소리 없는 변화에 주목하자. 이제 농어업, 농어촌에 관련된 정책 수립이나 정책 홍보 활동에서 지금까지와는 전혀 다른 새로운 접근법이 필요하지 않을까.

위험한 LP 가스통이여, 이제 안녕

액화석유가스(LPG) 통의 상당수가 불량으로 판명되었고 폭발 위험에 노출되어 있다고 한다. 2014년에 정부에서 LP 가스통을 직접 관리하겠다고 나선 것도 폭발 위험을 예방하겠다는 의지의 표현이다. LPG는 크게 택시 등에 쓰이는 부탄과 가정에서 쓰는 프로판으로 나뉘는데, 특히 프로판가스의 수요가 매년 급감하고 있다. 전국에 산재한 LP 가스통의 50퍼센트 이상은 1986년 아시안게임과 1988년 올림픽 무렵에 만들어진 것이니 벌써 30년이 다 되어간다. 1960년대 후반에 '새 시대의 연료'로 각광받던 LPG가 이제 불량 가스통 문제로 위험하게 여겨지는 것이다.

대한석유공사의 광고 '새 시대의 연료' 편(1966년 6월 29일, 「매일경제신문」)에서는 새로 나온 연료를 알리며 국민들의 주목을 끌고 있다. "새 시대의 연료 LP까스(가스) 프로판 부탄 까스(가스) 안내"라는 헤드라인 아래 "정부에서 무연탄의 매장량을 감안한 장기 연료 수급 정책에 따라 석유류 연료 사용의 장려를 위한 대책"을 수립했다는 사실을 강조한 점이 인상적이다. 나아가 프로판가스의 특기(特記)할 만한 장점을 소개한 다음 구체적인 사용법을 세세하게 안내하고 있다.

광고에 나타난 프로판가스의 장점은 다음과 같다. 무연탄

새時代의 燃料

LP까스 「프로판부탄까스」案内

우리 大韓石油公社에서는 歐美先進各国에서 널리 愛用되고 있는 「프로판까스」를 生産供給하고 있읍니다

때마침 政府에서도 無煙炭의 埋藏量을 勘案한 長期燃料需給政策에 따라 石油類燃料使用의 獎勵를 爲한 對策을 (中)인바 여러분께서도 가장 쓰시기에 便利하고 熱量이 높은 「프로판까스」로 選擇하시므로써 새生活에 도움이 될것입니다 當公社에서는 이러한 여러분의 要請에 副應供仕하기 爲하여 값싸고 便利한 「프로판까스」의 各種 長點을 여러분께 紹介하고 올바른 使用法을 여기 案内하오니 많이 利用하시어 여러분의 살림을 더욱 빛내주시면 感謝하겠읍니다

「프로판까스」의 特記한 長點은

1. 無煙炭을 쓰실때와 같은 재處理惡臭等의 不便이 全혀 없는 便利하고깨끗한 燃料입니다
2. 熱量이 가장높은 「프로판까스」는 10KG 드리한통分 420원이며 5人家族 한달分의 料理用燃料로 充分합니다
3. 無煙炭과 같은 貯藏用倉庫가 不必要하여 淸潔합니다
4. 特히 여름철같은 暖房이 不必要할때는 더욱 理想的인 燃料입니다
5. 「프로판까스」는 재나 有毒性까스가 나오지 않으므로 가장 衛生的인 燃料입니다
6. 쓰실때에는 다음 몇 가지만 留意하시면 이보다 더 安全한 燃料는 없을것입니다

使用時 留意하실 點은,

◇容器는 그늘에 세워두시고

◇쓰신다음에는 반듯이 「발부」와 「콕크」를 잠그시면 第一安全한 燃料입니다

間或 事故가 發生하는 일이 있으나 이는 使用後의 留意事項을 지키지 않았던 탓이었으며 燥炭까스로 因한 事故와는 比較도 되지 않는 安全한 燃料입니다

「프로판까스」는 家庭用燃料外에도 工業用 연료를 비롯한 農藥用 營藥用및 輸送用燃料 等으로 널리 利用되고 있으며 工業用「부탄까스」는 10kg當 397원이오니 有慮하신 분은 (電)제1 當公社(28－3196)로 問議하시면 誠心컷 協調하여 드리겠읍니다

1966年 6月　日

 大韓石油公社

새로 나온 연료 프로판가스를 알리는
대한석유공사 광고(1966년 6월 29일, 「매일경제신문」)

의 재처리 같은 악취가 전혀 없는 편리하고 깨끗한 연료이고, 10킬로그램 한 통에 420원으로 5인 가족에 필요한 한 달치 요리용 연료로 충분하며, 무연탄 같은 저장용 창고가 필요 없는 청결한 연료라는 것. 그리고 여름철 같은 난방이 불필요한 계절에 더욱 이상적이고, 재나 유독성 가스가 나오지 않아 위생적이며, 유의 사항만 잘 지키면 가장 안전한 연료라는 것이다. 사용할 때 용기를 그늘에 세워둬야 하고, 사용후에는 반드시 "발부(밸브)"와 "콕크(코크)"를 잠그라는 유의

사항도 빼놓지 않았다. 이 광고에서는 LPG를 새 시대의 연료로 격찬하고 있다. 사실 프로판가스가 등장한 다음부터 우리나라의 연탄 소비량이 줄었고 자연스럽게 대기오염을 예방하는 효과도 나타났으니 새 시대의 연료임이 분명했다.

도시가스(LNG)가 들어오지 않는 산간 오지라 할지라도 통만 있으면 LPG를 쓰는 데 문제가 없었다. 그런데 그 가스통이 골칫덩이로 떠올랐다. 정부는 전국에 유통되고 있는 가스통 670만여 개의 안전을 확보하기 위해 용기의 제조 기준을 국제 수준으로 높이고, 가스 용기의 이력 관리제를 도입하고, 용기 운반 차량의 등록제를 실시하겠다고 발표했다.[10] 아예 통을 없애고 LPG 저장탱크를 지하에 묻어 집집마다 연결시키는 배관망 구축 사업도 벌이고 있다. 도시가스의 효과를 기대할 수 있는 아이디어다. 1966년 광고에서도 강조했던 용기(容器, 가스통)의 안전 문제가 거의 50여 년 만에 해결되는 셈이다. 잘 가라, 가스통!

튼실한 고추 군이 장가드는 김장철

가을이 지쳐 겨울로 넘어갈 즈음이면 살랑살랑 하늬바람을 맞으며 빨갛게 물들며 말라가던 고추도 포대 속으로 들

어갈 채비를 한다. 햇살 좋은 곳에서 말라가며 한 폭의 풍경
화를 그리던 고추 군은 이제 김장철을 앞두고 배추 양에게
장가를 들려고 한다. 빨갛게 잘 마른 고추의 매운 맛을 상상
하며 차곡차곡 숨겨온 속살을 열어줘야 한다는 생각에 배추
양은 벌써부터 부끄러워진다. 어쨌든 김장을 앞두고서 배추
나 고추 값이 문제가 되는 경우가 많았다. 물량이 넘치면 넘
치는 대로 가격이 폭락해서 문제였고, 부족하면 부족한 대로
값이 너무 올라 또 문제가 되었다. 그래서 중간 유통 없이 산
지(産地)에서 직송하는 고추 직거래 장터가 열리기도 했다.
주부들은 언제나 싸고 좋은 김장용 고추를 사고 싶어 했지
만 수급 조절이 쉽지만은 않았다. 그래서 일찍부터 정부에서

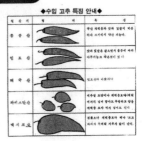

김장용 고추를 판매하는 광고(1978년 10월 25일, 「동아일보」)

는 고추의 수급을 조절하는 정책을 마련하려고 노력해왔다.

농수산물가격안정사업단(현 한국농수산식품유통공사, aT)의 광고 '김장용 고추' 편(1978년 10월 25일, 「동아일보」)을 보자. "김장용 고추 판매 안내"라는 헤드라인 아래 고추 가격을 조정하기 위해 수입 고추를 도입했다는 내용을 상세히 설명하고 있다. 한 가구당 7.5근들이 1포(4.5g)를 공급하는 데 신규 전입 가구나 동 간에 거주지를 이동한 가구에 대해서는 추후 별도의 절차를 거쳐 제공한다고 했다. 고추를 구입할 때는 통반장을 통해 배부한 "구입권(동장의 확인 날인 분)에 기재된 날짜와 장소에서" 가능하다고 했다. "새벽부터 기다리는 불편이 없으시도록" 특별히 배려했다는 내용도 유독 강조했다.

수입 고추는 맛과 빛깔과 크기에서 우리 재래종과 비슷한 홍콩산을 비롯해, 맛과 빛깔은 같으면서도 크기가 재래종보다 가느다란 인도산과 태국산이 있고, 검붉으면서 재래종보다 배나 큰 멕시코산이 있는가 하면, 대추알처럼 둥근 모양이면서 맵기는 재래종보다 매운 파키스탄산도 있다고 했다. 광고 지면의 오른쪽 부분에 나라별로 고추의 모양새를 그려 누구라도 쉽게 고추의 생김새를 알 수 있도록 섬세하게 배려했다. 그 무렵의 소비자들은 나라별로 고추의 모양새나 특징을 확연히 구분하고 자신의 기호에 따라 고추를 선택했으리라.

고추는 기원전 6500년경의 멕시코 유적에서 출토될 만큼 역사가 오래된 작물이다. 이수광의 『지봉유설(芝峰類說)』(1614)에서 "고추에는 독이 있다. 일본에서 비로소 건너온 것이기에 왜겨자(倭芥子)라 한다"라는 문장에 고추가 처음 등장한다는 점에서, 우리나라에는 임진왜란 이후에 전래된 것으로 알려지고 있다.[11] 농수산물의 수급 문제를 조정함으로써 가격을 안정시키기 위해 정부가 선택한 방법은 농수산물을 정부에서 수매해 비축해두었다가 필요할 때 적절히 방출하는 것이었다. 농어촌개발공사는 1978년에 정부의 농수산물 수매비축 사업을 전담하기 위해 농수산물가격안정사업단을 부설했다. 1986년에 지금 익숙한 이름으로 개명한 한국농수산식품유통공사(aT)는 2014년 9월, 전남 나주시에 새 둥지를 틀었다. 앞으로 직거래 유통 경로의 비중을 더욱 확대하고, 온라인 오픈마켓 개념의 '직거래 플랫폼'을 구축해 누구든 직거래에 참여하게 하면 좋겠다.

"길이가 짧고 껍질이 두꺼운 재래종이 최고지. 때깔이 진하고 윤기도 있어야지. 곰팡이가 없는지 꼭지도 잘라봐야 해." 누나들에게 김장 고추를 고르는 법을 설명하시던 어머니 말씀이 생각난다.

"서울시, 고추·마늘 장보기 관광에 제재(制裁). 3개사 경고"(1979년 9월 8일, 「매일경제신문」)에서 알 수 있듯이 1970년

대에는 고추 장보기 관광도 있었다. 지금은 뜸해졌지만 김장
철을 앞두고 고춧가루에 이물질을 섞어 판매하던 유통업자
들이 무더기로 구속되었다는 뉴스도 많았다. 앞으로 김장철
이 오면 그런 걱정 없이 각 가정에서 싱싱하고 건강한 고추
군이 속살이 튼실한 배추 양을 만나 맛있는 김장 결혼식을
올리기를 바란다.

농수산 가공품의 안전 먹거리 인증

먹을 수만 있다면 품질이건 뭐건 따지지 않던 시절이 있
었다. 마음껏 배불리 먹는 일이 지상 과제였던 보릿고개
를 지나 먹거리의 품질에 관심을 가지게 된 때가 1960년
대 후반에서 1970년대 초반이었다. 그리고 품질 문제는 지
금까지도 계속 관심의 대상이 되고 있다. 식품을 살 때 해썹
(HACCP: Hazard Analysis Critical Control Points) 인증 마크가 있
는지 확인해보는 것이 좋다고 한다. 해썹 인증 마크가 있는
제품이 믿고 먹을 수 있는 안전 먹거리라는 이야기다. 해썹
은 1960년대 초반에 미국에서 시작되어 1989년 해썹 지침
이 설정된 후 1993년 7월 국제식품규격위원회(CODEX) 총
회에서 '해썹 시스템의 적용 지침'이 채택됨으로써 세계 각

農水產
加工品 品質管理制度 實施에對하여

農漁村開發公社의 農產物 品質管理 制度 實施 廣告(1969年 9月 10日, 「京鄉新聞」)

국으로 확산되었다. 오래전 해썹 마크의 쌍둥이 격이라 할
수 있는 AFDC 표준 마크가 우리나라에 있었다. 1960년대
후반에 있던 일이다.

농어촌개발공사(현 한국농어촌공사)의 광고 '품질관리 제도
실시' 편(1969년 9월 10일, 「경향신문」)에서는 농수산 가공품에
서의 품질관리 문제에 주의를 환기하고 있다. 이 광고에서는
"농수산 가공품 품질관리 제도 실시에 대하여"라는 헤드라
인 아래 악덕업자로 인한 부정불량식품이 범람해 시중에서
식료품을 구입할 때마다 진위를 가리는 데 곤란을 겪고 있

어서 정책 당국이 고심 끝에 이 제도를 실시한다고 밝히고 있다.

본문을 보면 이 제도의 주요 골자, 품질 관리를 위한 자세, 품질 관리를 받은 제품을 소개하는 세 부분으로 나눠 농수산 가공품의 품질관리 문제를 상세히 설명하고 있다. 이 제도의 주요 골자 부분에서는 "표준 품질 마-크를 제품의 용기나 포장에 표시하도록 되어 있습니다. 앞으로 일반 농수산 가공업체에 대하여도 본 제도를 활용할 수 있도록 추진할 계획입니다"라고 하면서 AFDC STANDARD 마크를 소개하고 있다. AFDC는 농어촌개발공사의 영문 이니셜이니 농어촌개발공사의 표준 마크인 셈이다. 품질 관리를 받은 제품의 브랜드 이름이 재미있고도 정겹다. 무궁화표 사과넥타, 사과식초, 사과 쨈, 도마도 쥬-스; 삼천리표 포도당, 산리표 포도주 같은 이름을 보라! 이런 제품들이 품질관리를 받았다는 뜻인데, 요즘 말로 하면 안전 먹거리인 셈이다.

당시 농어촌개발공사는 아시아개발은행(ADB)에 농수산물 가공을 위한 기술 원조 프로젝트에 필요한 재정 지원을 요청했고, 아시아개발은행은 수차례에 걸쳐 한국에 차관(借款) 제공을 승인했다. 이 프로젝트는 한국의 농어촌 소득 증대에 크게 기여한 동시에 농수산 식품의 안전도를 높이는 데 많은 도움이 되었다. 이후에도 우리나라의 먹거리 안전에 대한 논의는 계속되었고 지금에 이르고 있다. 이제 위해(危害) 방지를 위한 사전 예방적 식품안전관리체계인 해썹이 안전 기준이 되고 있고, 식품의약품안전처에서 식품 안전에 대한 관리 감독을 하고 있다. 이미 1960년대에 AFDC 표준 마크를 도입했을 정도로 정책 시행을 앞서갔음에도 지금도 먹거리 안전에 마음을 놓지 못하는 것은 악덕업자들의 이윤 추구 심리를 막지 못한 탓이다. 그들에게 자신의 가족이 먹을 것을 만든다는 생각으로 식품을 만들도록 하는 윤리 교육이나 가치관 교육을 해야 하지 않을까 싶다.

원숭이 보며 행복과 자유를 느끼자

우리나라에는 원숭이가 서식하지 않았고, 원숭이란 단어 자체가 17세기까지만 해도 쓰이지 않았다는데 원숭이와 관련된 이야기가 우리나라에 유달리 많다. 2015년 12월 18일, 호주 뉴사우스웨일스대 연구팀은 지구에서 14광년 떨어진 지역에서 지구와 닮은 쌍둥이 지구(울프 1061c)가 발견됐다고 발표했다.[12] 지구의 네 배 크기로 중력은 지구의 1.8배이며, 흙과 암석이 있어 생명체가 존재할 가능성이 있다고 한다. 제2의 지구 탐사에 원숭이를 보낼 것이라는 뉴스가 전해

연극 「멍키열전」 포스터

지면서 원숭이에 대한 관심이 어느 때보다 높아지고 있다.

러시아에서는 화성 탐사선에 탑승할 원숭이를 네 마리 선발해 컴퓨터 조작법 같은 우주 탐사에 필요한 핵심 기능을 가르치고 있다고 한다. 중국에서도 붉은 원숭이해를 맞아 40대 이상의 부부 사이에서 늦둥이를 가지려는 열풍이 불었다. 중국 정부가 두 자녀 정책을 전면적으로 실시한 영향도 크지만, 붉은 원숭이해에 태어난 아이들이 지혜롭다는 속설을 믿고 기왕이면 2016년에 아이를 낳겠다는 열풍이 일어난 것이다.

원숭이가 서식한 중국이나 일본과는 달랐지만 원숭이는

우리 조상들의 일상생활에서 십이간지(十二干支)의 하나로 대우받을 만큼 중요한 동물이었다. 원숭이는 전통 회화나 문방사우 및 도자기의 주요 소재가 되었고, 설화나 가면극에는 꾀 많은 재주꾼으로 자주 등장했다. 옛날에는 원숭이띠를 잔나비띠라고도 했다.

원숭이는 영화 소재로도 두루 활용되었다. 아마도 미국의 공상과학 영화 「혹성탈출」(1968)에 등장한 원숭이가 원숭이 영화배우의 원조 격이라 할 수 있다. 이 영화에서는 인간을 야만적인 동물로 묘사했고 침팬지, 고릴라, 오랑우탄 같은 대형 유인원은 지능이 뛰어난 우점종(優占種)으로 형상화했다. 손오공(孫悟空)은 「드래곤볼」(1986-1989)이나 「날아라 슈퍼보드」(1990) 같은 만화영화의 단골 소재였다. 「몽키킹: 손오공의 탄생」(2014), 「몽키킹2: 서유기지손오공삼타백골정(西游记之孙悟空三打白骨精)」(2016) 같은 영화에서도 원숭이의 활동상이 대단했다. 50대의 귀푸청(곽부성, 郭富城)이 온몸을 붉은 털로 덮은 손오공으로 분장해 화제를 모은 영화였다.

어디 이뿐이겠는가. 연극 「멍키열전」(2014, 나상만 연출)에서는 문학작품에 등장한 주인공 원숭이들을 무대로 불러내 원전의 줄거리를 새롭게 구성했다. 『서유기』(오승은)의 손오공, 『나의 이스마엘』(다니엘 퀸)의 이스마엘, 『빨간 피터의 고백』(프란츠 카프카)의 피터, 인도의 대서사시 『라마야나

(Ramayana)』(발미키)의 하누만, 『20세기의 셔츠』(얀 마텔)의 버질, 「이수르」(레오폴도 루고네스)의 이수르 같은 저명한 문학작품의 주인공인 원숭이들을 한데 집결시켜놓았다. 이 연극에서 원숭이떼에게 보내는 메시지의 첫줄은 이렇다. "신의 창조 의지를 망각하고 지구의 지배자임을 자처한 인류에게 더 이상 지구를 맡길 수 없다. 그리하여 인류의 한 뿌리인 우리 원숭이, 고릴라, 침팬지들은 한 편의 연극을 위해 뭉쳤다." 이 연극에서는 문학작품에 등장하는 원숭이, 침팬지, 고릴라를 한 무대로 불러내 유랑극단 원숭이 열전(Monkey Players)의 에피소드를 재미있게 풀어냈다.

원숭이는 게임의 단골 캐릭터로도 활약했다. 72가지 변신술을 가진 손오공은 '서유기 온라인'에 등장하는 원숭이 캐릭터다. 게임 '리그 오브 레전드'에 등장하는 오공은 서유기의 손오공과 외형은 물론 보유한 능력도 비슷하지만 설정이나 역할은 다르다. '세븐나이츠'의 손오공은 사황 가운데 한 명으로 등장했다. '환상 서유기'는 만화영화 「날아라 슈퍼보드」를 게임으로 만든 것이다. 국산 웹툰을 바탕으로 만든 '갓 오브 하이스쿨'에서도 손오공은 자신을 키워준 무투파 할아버지에게 태권도를 배워 무술 대회에서 전투를 하며 자신이 제천대성 손오공이었다는 사실을 깨닫고 신들과 싸우는 역할을 맡았다. 싸움과 원숭이를 절묘하게 결합시킨 모바

게임 '리그 오브 레전드'의 오공 캐릭터

일 게임 '쌈숭이'는 영화보다 더 영화적인 역대급 손오공을 등장시켜 인기를 모았다. 이 게임은 인간, 신선, 승려, 요괴 등 네 종족의 강점과 약점을 활용한 수백 명의 영웅들과 팀을 이뤄 모험을 떠난다는 스토리로 구성된 3D 롤플레잉 게임(RPG)이다.

원숭이와 관련해 연극배우 추송웅과 「빨간 피터의 고백」도 빼놓을 수 없다. 「빨간 피터의 고백」은 1977년 8월 20일 서울 명동에 있는 삼일로 창고극장에서 처음 공연됐다. 이 연극은 카프카의 소설 「어느 학술원에 제출된 보고」를 각색한 것으로, 아프리카 원정대에게 잡힌 원숭이 '빨

연극 「빨간 피터의 고백」의 추송웅. 국립극장 제공

간 피터'가 진정한 자유를 얻어 인간이 되고자 하는 과정에
서 겪는 경험을 생생하게 묘사했다. 피터의 독백을 통해 행
복과 자유의 진정한 의미를 되돌아보게 하는 연극이었다.
1985년에 작고한 연극배우 추송웅이 제작, 기획, 장치, 연출,
연기까지 1인 5역을 맡은 이 연극은 8년 동안 공연되었고 놀
라운 흥행 기록을 세우며 한국 연극계에 모노드라마 붐을
일으켰다.

　원숭이는 재주가 많고 영리한 동물로 알려져 있다. 그래
서인지 동양 고전에는 원숭이와 관련된 낱말이 많다. 새끼를
잃고 슬퍼하는 어미 원숭이의 배를 갈라보니 창자가 끊어

져 있었다는 고사에서 유래한 '단장(斷腸)'이 대표적이다. 창자가 끊어질 듯 견딜 수 없는 심한 슬픔이나 괴로움을 뜻하는 말이다. 「단장의 미아리 고개」라는 노래도 원숭이 고사에서 그 근원을 찾을 수 있다. 사자성어도 많다. 마음은 원숭이인데 생각은 말과 같다는 뜻으로 잠시도 마음을 가라앉히지 못한다는 심원의마(心猿意馬), 원숭이를 가까이하다 보면 오랑우탄이 된다는 근원자성(近猿者猩), 개와 원숭이 사이처럼 사이가 매우 나쁘다는 견원지간(犬猿之間), 원숭이가 물에 비친 달을 잡듯이 욕심에 눈이 어두워 분수를 모르고 날뛰다 모든 것을 잃는다는 원후취월(猿猴取月), 아침에 세 개, 저녁에 네 개로 당장의 차이에 신경 쓰지만 결과는 매한가지라는 의미나 잔꾀로 남을 농락한다는 조삼모사(朝三暮四)가 있다. 원숭이에서 유래한 어휘는 이 밖에도 많다.

2015년 12월 23일부터 2016년 2월 22일까지 서울 경복궁 내 국립민속박물관에서 '원숭이 엉덩이는 빨개' 특별전이 열리기도 했다. 전시회에서 조선 말기의 화가 장승업이 소나무 줄기에 걸터앉은 노승에게 불경을 두 손으로 바치는 원숭이를 그린 「장승업필송하고승도(張承業筆松下高僧圖)」나 장원급제를 기원하는 뜻에서 두 마리 게를 잡는 원숭이 모습을 그린 「안하이갑도(眼下二甲圖)」 같은 원숭이와 관련된 자료를 70여 점이나 감상할 수 있었다.

2015년 12월 중순에는 남산의 N서울타워 하단에 높이 12.5미터에 폭 9미터짜리 초대형 고릴라 아트벌룬이 남산타워를 기어오르는 포즈로 설치되었다. 고릴라 설치 조형물은 2016년 병신년을 기념해 만든 것이었는데, N서울타워를 기어오르는 고릴라의 뒤태를 바라볼 수 있었다. 관광객들은 그 앞에서 기념촬영을 하느라 줄을 서기도 했다. 실제 원숭이나 원숭이 상징을 보면, 빨간 피터의 독백처럼 우리 모두가 행복과 자유의 진정한 의미를 되돌아보았으면 싶다.

도시와 기억

와우아파트 붕괴와 사과의 정석

2014년 11월 20일, 미국의 북한 전문 매체인 자유아시아방송(RFA)은 평양에서 38층짜리 신축 아파트가 또 붕괴되었다고 보도했다. 2014년 5월 13일, 평양시 평천 구역 안산2동에서 23층 아파트가 붕괴돼 많은 인명 피해가 발생했는데, 또다시 건설 중이던 아파트가 부실공사로 무너졌다는 것이다. 꼭대기 층에 기중기를 설치해 위로 쌓아 올라가는 방식으로 아파트를 건설하던 도중, 기중기가 넘어지면서 그 하중을 이기지 못하고 무너져내린 것이 사고 원인으로 알려지고

있다. 최근 들어 아파트 붕괴 사고가 거의 전무한 우리 입장
에서는 건설 기술력이 신통치 않은 딴 나라 이야기로 생각
하겠지만, 우리에게도 그런 시절이 있었다.

서울특별시의 공고 '와우아파트 붕괴' 편(1970년 4월 9일,
「동아일보」)을 보자. 사과문 형식을 띤 이 광고에 머리 숙여
500만 서울시민에게 사과하는 서울시장의 죄송스러운 마음
이 고스란히 스며 있다. "8일 새벽 와우지구의 참사가 귀중
한 생명을 앗아 가고 시민의 마음을 앗아간 데 대하여 본인
은 가눌 수 없는 슬픔 속에서 거듭거듭 사과를 드립니다. 그

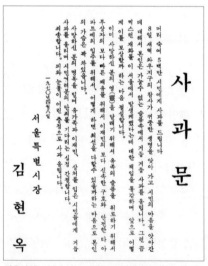

와우아파트 붕괴 사고 사과문(1970년 4월 9일, 「동아일보」)

런 끔직스런 재화를 이 서울에서 발생케 했다는 데 대한 책임을 통감하며 앞으로 어떻게 이를 보상할까 하는 마음 절실합니다." '거듭'을 두 번이나 강조한 데서 사과하는 사람의 책임감이 느껴진다.

주민들은 와우시민아파트의 붕괴 원인에 대하여 "공사가 겨울철에 강행되어 날림을 면치 못했고 특히 축대와 건물과의 거리가 2미터밖에 안 되어 항상 붕괴의 위험이 있었다"고 증언했다.(1970년 4월 8일, 「매일경제신문」) 세상에는 많은 사고가 일어나고 그때마다 사과하는 사람이 있지만 진정성이 느껴지지 않을 때가 많다. 2014년 5월에 평양시 평천 구역의 아파트가 붕괴되었을 때, 우리는 북한 당국이 사고 닷새 만에 이 소식을 전격 공개하고 최부일 인민보안부장 등이 주민들 앞에서 사과하는 모습을 매스컴을 통해 지켜보았다. 사과하는 사람의 진정성이 그다지 느껴지지 않았다.

그런데 서울시 광고에 나타난 사과문에는 사과하는 사람의 절절한 마음이 묻어난다. "어떻게 하면 최선을 다할 수 있을까 하는 마음으로 본인의 가슴은 꽉 차 있습니다"로 시작해 "피와 눈물이 어린 충정으로 사과를 올립니다"라는 마지막 문장에서 진정성의 정점을 찍는다. 저돌적인 업무 추진력 때문에 '불도저 시장'으로 불렸던 김현옥 전 서울시장은 이 사고에 대한 책임을 지고 서울시장직에서 물러났다. 그 후

교육계에 투신해 중학교 교장으로 재직했던 일은 유명한 일화로 인구에 회자되었다.

재난 또는 안전에 관련된 사건이나 사고는 언제든 발생할 수 있다. 예컨대, 아파트 붕괴사고도 일어나지 않았다면 더할 나위 없이 좋은 일이다. 그렇지만 사고 발생 가능성은 언제나 존재한다. 이미 사고가 일어난 이상 책임자는 사과하게 마련인데, 이때 사과하는 형식이나 내용 그리고 시점을 섬세하게 고려할 필요가 있다. 국민들이 사과하는 사람의 자세와 태도를 세심한 촉수로 느끼기 때문이다. 사과를 하고 나서 오히려 더 욕을 먹는 경우도 많다는 점에서, 서울시의 사과문 광고는 진정한 사과란 이렇게 하는 것이라는 좋은 본보기가 된다.

준비하고 쏘라던 주택복권 추첨

"준비하시고 쏘세요!"

아직도 많은 분의 귓가에 이 말이 어른거릴 것이다. 주택복권을 추첨할 때 진행자가 이런 구호를 외치면 사람들은 텔레비전 앞에서 숨을 죽이며 과녁을 살폈다. 번호가 적힌 원형 회전판을 화살로 맞춰 당첨 번호를 결정하는 이 방

주택은행 광고 '제1회 주택복권 발매' 편(1969년 9월 13일, 「매일경제신문」)

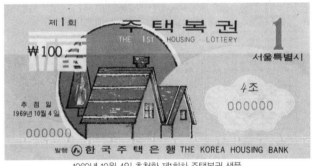

1969년 10월 4일 추첨한 제1회차 주택복권 샘플

식은 주택복권을 나타내는 대표적인 상징 코드가 되었다.
1969년 9월 15일 처음 발행된 주택복권은 마지막 회차인
1,473회(2006년 3월 26일)까지 서민들의 가슴을 졸이게 만들

며 꿈을 주었다. 주택은행은 무주택 군경 유가족, 국가 유공자, 파월 장병의 주택 자금을 마련한다는 취지로 주택복권을 판매하기 시작했다. 제1회 발매 현장으로 돌아가보자.

주택은행의 광고 '주택복권 발매' 편(1969년 9월 13일, 「매일경제신문」)에서는 제1회 주택복권 발매를 알리고 있다. "집 없는 분 도와주고 복받으세요"라고 하면서 당첨금 내용과 판매 장소를 알리고 있다. 복권 한 매를 100원에 판매했는데 당첨금은 1등이 300만 원이고 2등이 100만 원이었다. '당첨율 8장에 1장꼴'이라고 단정하고 있는데, 몇 명이나 복권을 살지 모르는 상황에서 과장 광고가 아니었나 싶다. 발매 기간이 9월 15일부터 29일까지 이 주일이나 되었다는 점에서 보통 일주일에 한 번씩 추첨하는 지금의 복권 추첨 주기와는 사뭇 다르다.

주택복권의 초창기 광고들에서는 지금 보는 광고와 같이 '복(福)'자 문양을 활용해 테두리 디자인을 했다. 주택복권을 사서 대박이나 인생역전을 꾀하라는 뜻이 아니라 복권을 사면 복을 받으리라는 희망의 메시지를 담고 싶었으리라. 당시 신문을 보면 설날에 현금 대신 복권을 세뱃돈으로 주었다는 기사도 자주 등장한다. 즉, 당시의 복권은 행운을 바라는 마음도 있겠지만 복을 기원하는 뜻이 강했다는 증거이리라. 처음에는 대개 월 1회 총 50만 매의 주택복권을 발매하다가 반응을 봐가며 점차 발행 주기를 단축해나갔다. 1972년 6월 제 32회부터 월 3회 발행하다가 1973년 3월부터 주 1회 발행했다. 1983년 4월부터는 '88서울올림픽을 지원하기 위해 올림픽복권으로 대체됐다가, 1989년 1월부터 다시 주택복권으로 재발행된 후 로또 복권이 나오기 전까지 온 국민이 관심을 갖는 국민복권의 자리를 차지했다.

주택복권은 오랫동안 서민들에게 내 집 마련의 꿈을 안겨주었다. 적은 돈으로 1등 당첨을 기대하는 약간의 사행심도 자극했겠지만 그보다는 재미를 즐길 수 있는 일상의 오락에 가까웠다. 만약 복권이 사행심의 성격이 강했다면 설날에 복권을 세뱃돈으로 주는 부모가 어디 있겠는가. 지금의 로또에거는 큰 기대와는 달리 주택복권을 사서 일주일 동안 기다리는 쏠쏠한 재미가 복권 한 장에 담긴 가슴 설렘의 의미가 아니었을까. "준비하시고 쏘세요!" 이 복권 추첨 멘트는 정말 다시 듣고 싶다.

언제든 서민의 꿈은 내 집 마련

내 집 마련 문제는 예나 지금이나 서민들에게 가장 중요한 관심사일 수밖에 없다. 한국주택은행은 서민들의 내 집 마련을 도와주기 위해 정부 주도로 출범한 특수은행이다. 1970년대에 접어들어 집값이 가파르게 상승하자, 정부는 주택가격을 안정시키기 위해 주택 수요자의 주택청약통장 가입 순위에 따라 주택을 우선 분양하는 제도를 실시했다. 누구나 한 번쯤은 청약저축, 청약예금, 청약부금에 가입해 일정액을 납부하며 빨리빨리 세월이 흐르기를 바라던 기억이 있으리라. 주택청약 자격 1~3순위가 되면 아파트에 입주한다는 생각에, 주택은행 창구에 늘어선 긴 줄도 지루해하지 않고 설레는 마음으로 기다렸던 경험도 있을 터이다.

한국주택은행(현 KB국민은행)의 광고 '명칭 변경' 편(1969년 1월 8일, 「경향신문」)을 보자. 이 광고에서는 "새해부터 주택금

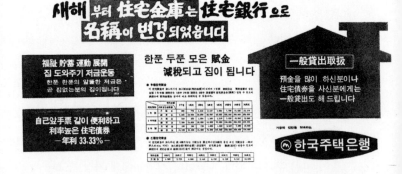

한국주택은행의 명칭 변경 광고(1969년 1월 8일, 「경향신문」)

고는 주택은행으로 명칭이 변경되었습니다"라는 헤드라인
으로 이전의 주택금고가 주택은행으로 이름이 바뀌었음을
알렸다. 지면을 크게 세 부분으로 나눈 간명한 구성이다. 왼
쪽에 "복지 저축 운동 전개. 집 도와주기 저금 운동"이라는
카피를 써서 알뜰한 저금이 집 없는 사람들의 집을 마련하
는 데 기여한다고 설명하고, "자기앞수표 같이 편리하고 이
율 높은 주택채권 연리 33.33%"라며 주택채권의 혜택도 강
조했다. 오른쪽에는 "예금을 많이 하신 분이나 주택채권을
사신 분에게는 일반대출도 해드립니다"라며 일반 대출 취급
을 두드러지게 표현했다. 중앙에는 "한푼 두푼 모은 부금(賦
金). 감세(減稅)되고 집이 됩니다"라며 왼쪽과 오른쪽 메시지
를 종합하는 결론을 제시했다.

이 광고의 디자이너가 나름대로 고민했던 흔적이 엿보인
다. 헤드라인의 "부터 주택금고는 명칭이 변경되었습니다"
부분을 검은 바탕에 흰 글씨로 처리하고 나니, "새해 주택은
행으로" 부분만 남게 되어 새해부터 주택은행으로 명칭이
변경되었다는 사실이 더욱 돋보인다. 요즘 기준에서는 좀 촌
스러워 보이지만 메시지 전달의 효과 측면에서는 압도적이
다. 오른쪽에 집 모양을 그려 그 안에 "일반 대출 취급"을 검
은 바탕에 흰 글씨로 돋보이게 한 것도 디자이너의 솜씨가
엿보이는 대목이다.

어쨌든 1967년에 설립된 한국주택금고는 1969년에 이름을 한국주택은행으로 변경했다. 서민 주택 자금을 조성해 주택 자금의 공급을 효율적으로 관리하기 위한 정부 정책의 일환에서였다. 그 후 한국주택은행은 오랫동안 주택금융의 제반정책을 수행하는 특수은행 역할을 해오다 2001년에 국민은행과 합병했다. 지금은 기존의 청약저축, 청약예금, 청약부금의 기능을 한데 묶어놓은 주택청약종합저축 하나만으로 국민주택과 민영주택을 가리지 않고 모든 신규 분양주택에 청약할 수 있는 시대가 되었다.

그동안 정부에서 추진해온 공공주택 브랜드도 국민주택, 보금자리주택, 행복주택 등으로 그 이름이 바뀌었다. 주택 브랜드 이름이 어떻게 바뀌어도 그 핵심에 가족과 가정의 행복이 전제되어야 한다. 1969년 광고에 나타난 한국주택은행의 슬로건은 "가정의 단란을 약속하는-"이다. 촌스러운가? 아파트에 살며 핵가족화가 진행됨으로써 우리 사회는 가족의 해체를 겪어왔다. "가정의 단란을 약속하는" 주택정책이 기다려진다.

아시안게임을 통한 불명예 퇴치

아시안게임은 아시아인의 축제다. 1951년, 인도 뉴델리에서 개최된 제1회 아시아경기대회 이후 2014년에 우리나라에서 제17회 인천아시안게임도 열렸다. 우리나라에서는 1986년에 제10회 서울 대회, 2002년 제14회 부산 대회 이후세 번째 개최된 대회였다. 제10회 서울아시안게임을 앞두고 여러 정부기관이나 민간 기업에서는 대회의 성공을 기원하는 광고를 많이 했다. 국가적으로도 총력을 기울였고, 대회가 끝난 다음에 성공을 자축하는 광고도 많이 했다. 그도 그럴 것이 1970년 제6회 아시안게임을 유치했다가 준비 미흡으로 반납했던 오점이 있었기 때문이다. 아시안 게임의 전후에 집행된 두 편의 광고를 보자. 개최 전 광고에서는 성공을 기원하는 열기가, 개최 후 광고에서는 당당한 자부심이 느껴진다.

서울아시안게임 개최 전에 방송된 한국방송광고공사(KOBACO) 공익광고협의회의 광고 '86 아시안게임 – 손과마음을 보탭시다' 편(KBS, MBC 1986년 8월 방송)을 보자.[13] 광고는 부부가 딸아이를 안고 활짝 웃고 있는 장면으로 시작된다. 온 가족이 등장하고, 다시 많은 사람들이 무리를 지어등장해 손을 흔들고, 마지막에 아시안게임의 로고를 보여주면서 끝난다. 영상이 흐르는 가운데 다음과 같은 카피가 잔잔한 내레이션으로 전해지고 있다. "우리의 땀과 정성이 결실이 되어 돌아오고 있습니다. 서로 믿고 돕는 화합. 5대양 6대주로 뻗는 민족 저력이 오는 9월에 성숙된 모습으로 선보입니다. 아시안 게임의 성공을 위해 우리 모두의 손과 마음이 필요한 때입니다."

제10회 아시안게임 개최 전의 공익광고

아시안게임이 끝난 다음에 나온 한국전력공사의 신문광고 '4천만이 한마음' 편(1986년 10월 6일, 「경향신문」)을 보자. 헤드라인에서는 "4천만이 한마음 되어 정말 멋있게 해냈습니다"라는 다소 격앙된 뉘앙스로 표현한 다음, 주경기장의 광활한 전경을 망원 렌즈로 포착한 사진을 보여주었다. 사진 바로 아래쪽에도 서울아시안게임의 엠블럼을 보여주고 "드디어 해냈습니다. 민족의 저력이 한국사의 새 장을 열었습니다"라며 대회의 성공적인 개최를 자축하는 감격적인 메시지를 전했다. 보디 카피는 "우리가 해냈습니다"라는 문장으로 시작해 "이번 아시안게임은 뛰어난 경기 성적 못지않게 무엇이든 해낼 수 있는 해낼 수 있는 민족의 엄청난 잠재력과 자신감을 확인하고 보여준 역사적 분수령으로 기록될 것입니다"라는 문장으로 마무리지었다.

제10회 아시안게임 성공 개최를 자축하는 한국전력공사 광고(1986년 10월 6일, 「경향신문」)

1986년의 서울아시안게임은 대회의 준비

와 운영에서 약간 미흡했다는 지적을 받기도 했지만 대체로 성공적이었다는 평가를 받았다. "한국 국민들은 아시안게임과 88올림픽에서 성공을 거둘 자격이 있는 국민들이다"(1986년 9월 20일, 「타임스」)라는 외국 유수 언론의 보도도 그 근거의 하나다. 27개국에서 4,839명이 참가한 대회에서 우리나라는 금메달 93개, 은메달 55개, 동메달 76개로 중국에 이어 당당히 2위에 올랐고, 아시안게임 사상 처음으로 일본을 누르고 아시아의 스포츠 강국으로 떠올랐다.

이 대회를 통하여 우리나라는 1970년의 아시안게임을 유치했다가 반납했던 불명예도 깨끗이 씻어냈으며, 한국의 발전상을 널리 알리는 동시에 88서울올림픽에 대한 기대감을 높일 수 있었다. 2014년의 인천아시안게임 때에는 1986년에 비해 광고가 그렇게 많이 눈에 띄지는 않았다. 광고 말고도 대회를 알릴 홍보 수단이 많이 늘어났기 때문에 큰 문제가 되지는 않았다. 모두 한마음으로 뭉쳐 아시안게임을 또다시 우리나라에 유치하겠다는 공공 캠페인을 전개할 필요도 있겠다.

지나간 시절의 경마장에 가보자

　나들이하기 좋은 계절이 오면 경마에 대한 관심도 늘고 경마장에는 더 많은 사람들이 몰릴 것이다. 소설가 하일지는 1990년에 『경마장 가는 길』을 발표하며 등단한 이후,『경마장은 네거리에서…』『경마장을 위하여』『경마장의 오리나무』『경마장에서 생긴 일』같은 경마장 시리즈의 소설을 집중적으로 발표했다. 그는 이 소설들에서 현대인들의 표류하는 욕망과 방황하는 쾌감을 보여주었다. 그렇지만 그의 소설에 반드시 경마장이 등장하지는 않는다. 작가는 경마장을 소설적 상상의 공간으로 활용했기에, 독자로서는 뚝섬이나 과

한국마사회의 서울경마장 광고(1968년 4월 5일,「동아일보」)

천 경마장을 떠올리며 소설책을 잡았다가 고독한 현대인의 초상을 떠올리며 마지막 페이지를 덮었으리라. 지나간 시절의 경마장 풍경은 어떠했을까.

한국마사회의 서울경마장 광고 '현대인의 경마' 편(1968년 4월 5일, 「동아일보」)을 보자. 경마 장면을 지면의 오른쪽 하단에 배치하고 "적중의 쾌감!"과 "현대인의 경마"라는 두 개의 공통 헤드라인을 썼다. 경마를 '국민대중의 오락'이라고 하면서 "사라브렐(서러브레드) 350두 출주(出走: 경주에 나감)"를 강조했다. 본문에서는 경주마별로 기록이 있으므로 그 기록을 검토해 경기에서 이길 승마(勝馬)를 예상 적중시킬 수 있다고 했다. 마권의 액면가는 100원이었고 배당금은 무제한이었다. 서울경마장의 시설을 알리기 위해 "찬란한 시설 아름다운 경관"이라고 강조한 점도 인상적이다. 여기에서 찬란한 시설이란 무엇을 말하는 것일까?

열기구 관광으로 잘 알려진 터키의 카파도키아. 준마 서러브레드의 특산지인 그곳은 아케메네스 페르시아 왕조 때 '아름다운 말'이라는 뜻의 카파도키아(Cappadocia)라는 이름을 얻었다. 한국마사회에서 1968년에 벌써 서러브레드 350두를 수입했다니 놀라울 따름이다. 1960년대에 경마를 즐기라는 광고가 신문지상에 자주 등장했다. "현대인의 스포티한 오락. 주말의 즐거운 레저"(1969년 3월 21일, 「동아일보」)

같은 광고나 "사상 최대의 규모 4개국(일본 한국 미국 호주) 기수 참가. 황금의 레이스!! 대통령배 쟁탈 국제친선 경마대회"(1969년 5월 23일, 「경향신문」) 같은 광고가 대표적이다. 경마 열풍이 불었음을 입증하는 근거다.

하기야 일제강점기에도 "경성경마(京城競馬)"를 알리는 광고가 있었다.(1945년 5월 25일, 「매일신보」) 기수가 말 등에 납작 엎드려 쏜살같이 달리는 장면을 삽화로 표현했는데, 전쟁 중에도 경마를 했다니 참으로 놀라운 일이다.[14] 동서양을 불문하고 경마는 대중의 이런저런 관심을 끌어 모으며 발전해왔다. 18세기 후반에 스코틀랜드의 공학자 제임스 와트는 힘센 복마(卜馬: 짐마차 끄는 말)로 실험을 해서 마력(horse power)의 개념을 제시했다. 이제 우리는 75킬로그램의 무게를 1초 동안에 1미터 옮기는 데 들어가는 힘의 양을 1마력(馬力, HP)이라고 한다.

우리나라 영화 「경마장 가는 길」(1991)이나 중국 CCTV의 30부작 드라마 「경마장(跑马场)」(2012)도 대단한 인기를 끌었다. 도대체 경마란 무엇인가? 그 사행성으로 인해 늘 감시 대상이 되어왔지만 대중들은 언제나 관심의 끈을 놓지 않는다. 오락과 사행의 시소게임에서 어떻게 균형을 잡는 것이 바람직할까? 세계적으로 제도권의 사행 산업은 국가나 공공기관이 시행하지만 운영에 있어서는 어느 정도 자율권을 주고 있다. 그렇지만 어느 정도 규제하지 않으면 고삐 풀린 망아지 격으로 사행성이 심각해질 것이다. 그 '어느 정도'의 정도가 과연 얼마쯤인지 사행산업통합감독위원회의 지혜로운 판단이 필요하다.

연탄 절약이 에너지 절약이었다

날씨가 점점 추워질 때면 여러 단체에서 어려운 이웃을 위한 '사랑의 연탄보내기' 행사나 동절기에 대비한 '연탄 사용가구 안전점검 및 연탄지원' 행사를 벌인다. 독거노인이나 소년소녀 가장 등 아직도 연탄을 사용하는 어려운 이웃들에게 기쁨을 주는 훈훈한 행사다. 작은 정성을 모아 어려운 소외 계층에게 따뜻한 온기를 전할 수 있어 의의가 크지만 일회성 이벤트로 끝나는 경우도 있어 아쉽다.

연탄은 1970년대까지만 해도 도시에서 취사나 난방용으로 사용되었다. 연탄은 1960년대와 1970년대의 주요 에너지였으니까. 서울을 비롯한 대도시에 건설된 대규모 연탄 공장에서는 많은 연탄을 찍어냈다. 당시의 부엌 구조 역시 연탄 사용에 적합하도록 설계될 수밖에 없었다. 재래식 온돌에다 연탄불을 피우면서 연탄의 맹독성 가스에 중독되어 사망하는 사건도 자주 발생했다.

대한석탄공사와 한국연탄공업협회의 공동 광고 '에너지 절약' 편(1979년 8월 20일, 「경향신문」)을 보자. "에너지 절약! 연탄 한장·석유 한방울·전기 한등"이라는 헤드라인 아래, 광부가 탄광에서 일을 마치고 걸어 나오는 장면을 사진으로 제시했다. 보디 카피에서는 에너지 절약의 핵심 전략을 다섯 가지로 요약 정리했다. 가정에서 매일 연탄 한 장씩 절약하면 약 350만 톤(800억 원)의 석탄이 절약되고, 정부에서 허가한 '열' 자 표시의 화덕을 사용하면 화력이 좋으며, 내화물로 만든 화덕 덮개가 방을 더 뜨겁게 하고 연탄가스도 적게 나오게 하며, 아궁이 공기구멍을 철저히 관리해야 연탄을 절약할 수 있으며, 깨진 연탄은 알뜰히 모았다가 교환해서 써야

연탄 절약 공익광고(1979년 8월 20일, 「경향신문」)

한다는 내용이다.

연탄을 절약하자는 광고의 헤드라인에 "석유 한방울·전기 한등"이라는 다소 엉뚱한 메시지를 넣은 것은 요즘 기준에서 볼 때 분명 상관성이 떨어지는 구성이다. 그렇지만 각 분야에서 에너지를 절약해야 한다는 실천 의지가 그만큼 강했다는 시대 상황을 반영한 것으로 이해하고 넘어가야 하리라.

대한석탄공사도 창립 60여 년이 지났고 2012년 말까지 석탄 생산 누계 1억 8,000만 톤을 넘어섰다. 이제 새로운 가치를 창출하는 에너지 공기업으로서 자리매김하는 동시에 기업의 사회적 책임에 눈을 돌려야 할 터이다. 안도현 시인은 「너에게 묻는다」라는 시에서 다음과 같이 노래했다.

연탄재 함부로 발로 차지 마라
너는
누구에게 한 번이라도 뜨거운 사람이었느냐

이 시는 누군가를 위해 활활 타오르다가 결국은 재로 남는 연탄에 빗대어, 남을 위해 자기 몸을 한 번도 뜨겁게 달궈본 적이 없는 우리네 이기심을 질타하고 있다. 기자들 앞에서 사진 찍는 '행사'가 아닌, 어려운 이웃에게 마음에서 마음으로 사랑의 연탄을 배달하는 뜨거운 마음이 정녕 절실한

때다. 지금도 에너지 절약이 중요하지만, 그에 못지않게 이
기심 절약에도 앞장서야겠다.

문화와 흔적

세종문화상의 가치를 키워가자

해마다 10월 9일 한글날이 되면 세종대왕을 기리는 여러 행사가 열린다. 언론도 세종대왕의 한글 창제 정신과 위업에 대해 집중 조명한다. 세종대왕의 위대한 업적과 이런저런 추모 행사들을 새삼 다시 설명할 필요가 있을까마는, 세종문화상만큼은 되돌아볼 가치가 있다. 세종문화상은 한글 창제를 비롯해 찬란한 한국문화를 발전시킨 세종대왕의 창조 정신과 그 위업을 기리기 위해 정부에서 1982년에 제정한 상이다. 정부는 해마다 민족문화 창달에 이바지한 개인이나 단체

문화공보부의 제1회 세종문화상 공고(1982년 4월 19일, 「동아일보」)

에 이 상을 주어왔다. 최근 들어서도 문화체육관광부는 세종
문화상의 다섯 부문(한국문화, 예술, 학술, 국제협력·봉사, 문화다
양성) 수상자를 발표하고 시상식을 개최하고 있다. 그렇다면
제1회 때의 사정은 어떠했을까?

문화공보부(현 문화체육관광부)의 '제1회 세종문화상 공고'
편(1982년 4월 19일, 「동아일보」)을 보자. "제1회 세종문화상 실
시계획 공고"라는 헤드라인 아래 다음과 같은 보디 카피가
이어졌다. "세종대왕은 민족문화의 기틀을 만세에 다지고
그 내실을 살찌워 꽃피우게 한 민족사상 드물게 보는 문화
지도자이십니다. 대왕의 이념은 겨레의 일상과 더불어 있었
고, 식산흥국(殖産興國), 자강(自强), 진취(進取)의 주재자(主宰
者)이셨습니다"라며, 온 국민이 세종대왕을 기리고 받들어야
하는 연유를 설명했다.

정부는 이런 취지에서 "세종대왕의 창조정신과 흥국정신을 이어받아 우리 문화의 정체성의 일익으로 삼고 그 개화(開花)를 통해 인류문화의 전진에 기여케 하고자" 세종문화상을 제정해 한글날에 시상하기로 했다는 내용이다. 이 무렵의 시상 부문은 문화, 예술, 학술, 과학기술, 교육, 국방 같은 여섯 분야였다. 식산흥국이나 주재자처럼 요즘에는 거의 쓰지 않는 낱말도 등장한다. 식산흥국이란 산업을 장려해 나라를 일으키자는 뜻이다. 1906년 3월 대한자강회(大韓自強會)가 결성된 직후 안창호 선생이나 장지연 선생의 연설에서 자주 쓰이던 이 낱말이 1980년대에까지 쓰이고 있다는 점이 놀랍다.

　　그동안 세종문화상은 상당한 수준의 권위나 지명도가 있었다. 그런데 2010년 이후 민간의 여러 문화재단에서 거액의 상금을 주는 문화상을 제정하면서 세종문화상 후보자의 추천수와 업적 수준이 낮아지고 있다는 비판적인 목소리도 있었다. 이 상의 권위나 지명도를 높일 방법은 없을까? 그렇다고 해서 상금을 늘리는 것만이 능사는 아니다. 두루 알다시피 100년 역사를 자랑하는 프랑스 콩쿠르 문학상은 50프랑을 상금으로 주는데 우리 돈으로 1만 5,000원 수준에 불과하다. 초라한 상금이지만 그 권위와 공정성에 대해 시비를 거는 사람은 없으리라.

앞으로 세종문화상의 가치를 더 소중하게 키워갈 필요가 있다. 이 상은 세종대왕의 창조정신을 기리기 위해 정부가 상훈법에 따라 제정한 거의 유일한 문화상이다. 상금 액수 때문에 세종대왕의 이름을 내건 상의 가치가 빛을 잃는다면 우리네 문화 척도가 그만큼 척박하다는 것 외에는 설명할 말이 없으리라.

> 나랏말싸미 듕귁에 달아 문자와로 서로 사맛디 아니할쎄
> 이런 전차로 어린백성이 니르고저 할빼이셔도
> 마참내 제 뜻을 능히 펴지 못할 놈이 하니다.
> 내 이를 어여삐 녀겨 새로 스물여덟 자를 맹가노니
> 사람마다 수비니겨 날로 쓰매 편안케 하고저 할 따라미니라.

어마어마한 상금이나 그 어떠한 명분도 세종대왕께서 훈민정음에서 천명하신 한글 창제 정신에는 못 미치기 때문이다. 세종문화상의 가치를 높이는 데 우리 모두의 지혜를 모을 때다. 모두가 한글을 쓰면서도 외국 글로 '벌'을 설 때도 있는 글로-벌 시대에는 더더욱.

해방 맞은 '자유'와 작가의 발굴

전쟁이 끝나고 수도 서울이 서서히 도시의 모습을 회복해가던 1950년대 후반, 우리나라는 무척이나 소란스러웠다. 도대체 어떤 일 때문에 그리도 소란스러웠을까? 사회문화계에서는 '자유'라는 단어를 둘러싸고 많은 논쟁을 벌였다. 작가 정비석의 대중소설 『자유부인』(1954)을 필두로, 하유상의 연극 「딸들은 연애자유를 구가하다」(1957)가 공연되었고, 이 연극을 바탕으로 이병일 감독은 「자유결혼」(1958)이라는 영화를 만들었다. 우리 사회에서 자유 논쟁이 이처럼 계속된 적은 일찍이 없었다. 한국전쟁으로 억눌렸던 본성을 일깨우기라도 하려는 듯이, 여기저기서 자유가 나부꼈으니 시민들 역시 자유의 도가니 속으로 빠져들 수밖에 없었다.

중앙국립극장(현 국립극장)의 광고 '국립극단 공연' 편(1957년 11월 28일, 「동아일보」)을 보자. "국립극단 제4회 공연"이라는 헤드라인 아래 연극의 줄거리를 간략히 소개하는 동시에 국내 일류 연기진이 총출연했다면서 호화 배역을 자랑하고 있다. 더욱이 하유상이 쓰고 박진이 연출한 「딸들은 연애자유(戀愛自由)를 구가(謳歌)하다」(4막 7장)라는 공연 제목을 크게 제시했으니, 키워드를 확실히 전달하는 데에는 성공한 셈이다. 11월 28일부터 12월 5일까지 중앙국립극장에서

국립극장의 국립극단 제4회 공연 광고(1957년 11월 28일, 「동아일보」)

대단한 인기몰이를 한 연극 「딸들은 연애자유를 구가하다」 포스터

상연하는 동안 이 연극은 폭발적인 인기를 얻었다.

광고에 나타난 관람료도 흥미롭다. 대중 보급 요금은 300원이었는데 연극 동호회 회원에게는 100원을 할인해 200원만 받았다. 직장 단위로 21명 이상을 일단(一團)으로 모집하니 명단을 첨부해 신청하라는 내용도 앞선 판촉 전략이다. 이런 전략이 먹혀들었는지 이 연극은 코미디극이나 가족 낭만극이 거의 전무하던 1950년대 후반에 대단한 인기몰이를 했다. 1950년 4월 29일, 아시아 최초의 국립극장으로 설립된 국립중앙극장은 한국전쟁 때 대구로 옮겼다가 1957년 6월 1일에 다시 서울로 이전했으니, 따라서 이 공연은 서울 이전을 기념하는 성격이 컸다.

많은 교과서나 백과사전 또는 블로그를 보면 「딸들은 연애자유를 구가하다」를 제1회 국립극장 현상 희곡 당선작으로 소개하고 있는데 이는 사실과 다르다. "국립극장에서는 유능한 신진작가를 찾아내기 위하여 지난 7월 제1회로 희곡을 현상 모집하던바 50여 편의 응모작품 중 당선작은 없고 가작(佳作)으로"(1957년 10월 28일, 「경향신문」) 이 작품을 선정했다고 한다. 광고에서 알 수 있듯이 제목도 '자유연애'가 아닌 '연애자유'인데, 여러 백과사전은 물론 심지어 교과서에서까지 「딸들은 자유연애를 구가하다」로 표기하고 있으니, 앞선 것을 베끼고 확인하지 않고 또 베낀 결과 엄청난 오류를 일으킨 듯하다.

결혼을 하자마자 미국으로 달아난 남편을 기다리며 두문불출하는 큰딸과 부모의 갈등이 이 작품의 기본 구조다. 부모는 자유의사로 불행해진 본보기가 큰딸이라고 하며 다른 두 딸의 연애 자유에 제동을 걸지만 나중에는 인정하게 되고 화해하게 된다는 줄거리다. 희곡 전문가 유민영 교수는 『한국 현대 희곡사』(1997)에서 이 연극이 1950년대의 자유결혼 풍조를 산뜻하고 짜임새 있게 그린 작품이라고 평했다.[15] 극단 예우는 창단 20주년 기념공연으로 「딸들, 자유연애를 구가하다」(2010)를 공연하기도 했다. 오마주의 대상이 된 이 연극이 우리 연극계에 미친 영향은 실로 지대하다. 당선작이 아닌 가작 입선자 하유상은 우리나라의 공연예술을 빛낸 거장이 되었다. 우리 공연 예술(연극)의 토양을 비옥하게 만들 신진 희곡 작가들을 발굴하는 노력이 절실한 이유가 여기에 있다.

설날의 소중한 문화적 유전자들

설. 어김없이 해마다 다가오는 명절이자 연례행사다. 그 이름만 들어도 설레는 설이다. 언제 들어도 설날만큼 설레는 명절도 없을 터이다. 설날에 즐길 수 있는 놀이나 음식이 많은 탓도 있겠지만, 그보다는 나이를 한 살 더 먹는 운명의 기로에 서서 새삼 한해의 운세가 궁금해지기 때문이리라. 국립민속박물관은 2016년의 입춘과 설을 맞이해 '국립민속박물관과 함께하는 설 한마당' 행사를 소개했다. 이 행사에서는 서예가가 봄을 앞두고 입춘첩을 쓰는 시연을 비롯해 설과 관련된 프로그램을 37개나 소개했다. 설빔 입기 같은 세시풍속을 재현하는 것은 우리 어릴 적을 돌아보게 하는 추억의 사진첩이다. 투호, 윷놀이, 널뛰기, 연날리기 같은 즐길거리가 아무리 좋다고 해도 이런 놀이들이 스마트 미디어 시대를 살아가는 우리에게 설레는 설날을 만들어주는 데에는 한계가 있다.

  설날을 설레는 설날로 느끼도록 하는 원천은 아무래도 설을 전후해서 자신의 나이를 세어보거나 한해의 운수를 따져볼 수 있기 때문이다. 떡국 먹으면 나이를 한 살 더 먹는다고 한다. 하지만 두루 알다시피 우리나라에서 나이를 세는 기준이 세 가지나 되어 설 때만 되면 헷갈리기 일쑤다. 2016년 현재 포털 사이트에서 가수 싸이를 검색하면 1977년 12월 31일생으로 '나이 40세'라고 설명하고 그 옆에 괄호를 쳐서 '(만 38세)'라고 되어 있다. 왜 이렇게 되었을까? 한국인은 세는나이, 만 나이, 연 나이라는 세 가지 나이를 가지고 산다고 한다.

세는나이는 해가 지나면 저절로 한 살 더 먹는 나이이다. 2017년 12월 31일 태어난 아이는 태어나자마자 한 살을 먹고 하루 지난 2018년 1월 1일에는 두 살이 된다. 만 나이는 태어난 지 1년이 되었을 때 한 살을 먹는 나이이다. 연 나이는 현재의 연도에서 태어난 해의 연도를 빼는 나이이다. 연 나이는 '일정 연령에 이르는 해의 1월 1일이 되면 병역 대상이다' 같은 조항과 함께 병역법이나 청소년보호법에서 적용되고 있다. 중국, 일본, 북한에서도 만 나이를 쓰는 것이 표준이라고 한다. 우리나라도 민법에서 '만 나이'를 쓰도록 되어 있지만 일상생활 속에서 잘 지켜지지 않고 있다. 1977년 12월 31일생인 싸이는 2015년 12월 30일 기준으로 세는나이는

가수 싸이가 세는나이 39세이자 만 나이 37세,
연 나이 38세임을 말하는 뉴스 프로그램

39세, 만 나이는 37세, 연 나이는 38세가 되는 것이다. 이런 사정이 방송에서 소개되어 웃음을 유발하기도 했다. 우리도 설날 아침에 자신이 느끼는 나이와 어른들이 묻는 나이 사이에서 어떤 나이를 말해야 할지 당혹스러워할 수도 있겠지만, 가급적 만 나이를 보편적으로 사용했으면 싶다.

한해 운수를 따져보는 것도 빼놓을 수 없는 설날의 추억이다. 자주 언급되는 사실이 어떤 띠에 태어난 사람들이 삼재에 들 가능성이 있다는 것이다. 삼재(三災)란 사람에게 9년 주기로 돌아온다는 세 가지 재난이다. 우리 선조들은 좋은 기운을 기원하고 삼재 같은 액운을 막기 위해 입춘첩을 써 붙이고 설을 기다렸다. 입춘첩(立春帖)은 입춘 무렵에 한 해의 복을 비는 글귀를 써서 대문이나 대들보에 붙이는 풍속이다. 입춘첩이 끝나고 설이 가까워지면 토정비결 보기, 윷점 보기, 오행점 보기를 하는데 새로운 1년을 시작하며 한해의 신수(身數, 운수)를 미리 알아본다는 의미가 크다.

한 해의 신수를 알아보는 기준에서 '토정비결(土亭秘訣)'은 타의 추종을 불허한다. 1970년대 무렵에는 도시의 거리나 시골 장터에는 토정비결을 봐주는 점복사들이 넘쳐났다. 2000년대 이후에는 그 인기가 점점 떨어졌지만 아직도 컴퓨터나 모바일을 이용해서 토정비결을 보는 사람들도 많다. 토정비결은 조선 중기 학자인 토정 이지함(1517~1578)의 저술로 알려져 있지만 별로 근거는 없다. 토정비결은 생년월일만으로 3괘(卦)를 만들며 '주역'의 64괘가 아닌 48괘만 사용한다. 작괘법(作卦法)에 따라 얻은, 백 단위인 상괘(上卦), 십 단위인 중괘(中卦), 일 단위인 하괘(下卦)를 합해 세 자릿수의 괘에 해당되는 숫자를 책에서 찾아보면 된다. 토정비결의 진정한 매력은 세 자릿수의 괘를 4언시구(四言詩句)로 풀이하는데 비유와 상징이 많아 이해하기 쉽다는 점이다.

"북쪽에서 목성을 가진 귀인이 와서 도와주리라" "꽃이 떨어지고 열매를 맺으니 귀한 아들을 낳으리라" 같은 희망의 메시지가 많다. 그리고 좋지 않은 내용이라도 "이 달은 실물수(失物數)가 있으니 잃어버리지 않도록 조심하라" "화재수가 있으니 불을 조심하라"는 식으로 구체적으로 표현하고 있다.[16] 예측하는 내용에 믿음이 가든 그렇지 않든 아무리 절망적인 내용이라 하더라도 토정비결의 메시지는 빙그레 웃게 만드는 매력적인 비결이 담겨 있다고 할 수 있다. 토정비결은 열두 달의 운수를 자세히 엿볼 수 있다는 강력한 장점이 있어, 광복 이후 윷점과 오행점이 급격히 쇠퇴의 길로 접어들었는데도 스마트 미디어 시대에까지 건재하고 있다.

광복 이전에는 밖에 나가지 않고 집에서 식구들끼리 길흉화복을 점치는 윷점이 유행했다. 설날에 윷을 세 번 던져서 나온 괘(卦)로 한 해의 운수를 보았는데, '사점(柶占)'이라고도 했다. 윷을 세 번 던져 괘를 얻으면 될 정도로 방법은 간단했다. 첫 번째 던져 나오는 말을 상괘로, 두 번째 던져 나오는 말을 중괘로, 세 번째 던져 나오는 말을 하괘로 삼아 괘를 확정했다. 모두 64괘로 되어 있는 괘를 찾아 점사(占辭)를 읽어 길흉을 판단했는데, 만약 세 번 모두 '도'가 나왔다면(도·도·도), 111이라는 점괘를 얻게 된다. 111괘에서 444괘까지의 64가지 점괘가 가능하다. 111은 "어린아이가 인자한 어머니를 만난다(兒見慈母)"이며, 444는 "형이 아우를 얻는다(哥哥得弟)"라는 뜻이다.[17] 새해맞이 윷점은 새해 소망을 담은 윷을 던져 윷패(도개걸윷모) 세 짝을 맞춰 운수를 점쳤다는 점에서, 앞으로도 얼마든지 인기를 다시 얻을 가능성이 있다.

오행점(五行占)은 금(金)·수(水)·목(木)·화(火)·토(土)의 오행을 가지고 점을 치는 방법이다. 오행점에서는 바둑돌만 하게 깎은 나무나 콩알을 이용했다. 다섯 개를 손에 쥐고 복을 기원한 다음, 땅에 던져 나타난 글자에 따라 상·중·하괘를 정했다. 오행점은 음양오행설의 이치를 바탕으로 금, 목, 수, 화, 토라는 다섯 글자로 점괘를 만들어 점을 쳤다는 점에서 인상적이었다. 만물의 생성, 변화, 소멸을 이루는 오행에 따라 사주팔자를 알아보았다는 점이 매력적이었다.

우리에게 너무 익숙한 설날의 풍경! 새로 나이를 세고, 토정비결을 보고, 윷점을 보고, 오행점을 보며, 우리 조상들은 새해를 맞이했다. 우리는 서양처럼 만 나이 하나로 나이를 세지 않고 세 가지 방식으로 나이를 셀 정도로, 늘 합리적이지 않은 상태에서 '지금' '여기'까지 왔다. 생년월일 또는 윷이나 콩알이 정해주는 괘에 따라 한 해의 신수를 보는 것도 과학성과는 거리가 멀다. 그렇지만 바로 이러한 비합리적인 생각들이 우리의 집단주의 문화를 지탱하는 저력으로 작용했을 것이다. 해마다 정말로 설레는 설을 맞이할 일이다. 비합리적인 생각들이 빚어낸 우리 문화의 소중한 유전자들을 설레는 마음으로 추억해보자.

다시 그네뛰기와 널뛰기를 해보자

그네뛰기를 해보셨는지요? 널뛰기는 해보셨는지요? 아마도 우리 모두에게 가물가물한 기억일 터다. 하기야 아파트의 어린이 놀이터에 그네가 설치되어 있지만 이제는 그마저도 타는 어린이가 없어 쇠사슬 사이사이에 녹이 슬어 있는 걸 보면 먼 나라의 이야기인 듯싶다. 대한민국의 중요 무형문화재 제13호인 강릉단오제가 해마다 열린다. 그렇지만 여러 이벤트성 행사에 묻혀 그네뛰기가 갈수록 주목받지 못하는 것 같아 안타깝다. 전통적으로 그네뛰기는 단옷날에 모든 이의 주목을 받았던 명절의 하이라이트 행사였다. 1970년대 후반 들어 한국민속촌에서는 우리 민속놀이의 계승과 재현을 위해 많은 공을 들였다.

한국민속촌의 광고 '민속 경연대회' 편(1976년 6월 1일, 「동아일보」)을 보자. 헤드라인은 "제1회 민속 그네뛰기 및 널뛰기 경연대회 안내"이다. 본문에서는 한국민속촌에서 "사라져 가는 우리 고유의 민속경기(놀이)를 재현 보존 및 육성하기 위하여" 그네뛰기와 널뛰기 경연을 개최한다는 내용을 강조했다. 한국민속촌에서 주최했지만 교통부, 경기도, 한국방송공사, 국제관광공사, 한국관광협회에서 후원했다는 점에서 여러 관계 기관이 협조한 주목할 만한 행사였음이 분명하다.

외그네 뛰기, 쌍그네 뛰기, 널뛰기 같은 세 가지

민속 경연대회를 알리는 한국민속촌의 광고(1976년 6월 1일, 「동아일보」)

경기 종목에 만 18세 이상의 여자만 참가할 수 있었다. 상의 종류는 1등, 2등, 3등에 이어 추가로 미기상과 장려상이 있었다. 다 알겠는데 미기상이란 무엇일까? 사전에서는 미기상(美技賞)에 대해 연기나 경기 따위에서 훌륭한 기량을 발휘한 사람에게 주는 상이라고 설명하고 있다.[18] 요즘에도 야구 경기에서 멋진 수비를 한 선수에게 이 상을 주기도 한다. 그러니까 민속 경연대회에서는 가장 높이 뛰는 선수가 상위의 상을 받았을 테고, 그네를 뛰고 널을 뛰는 자태가 고운 선수는 미기상을 받았으리라. 어쩌면 포토제닉상 같은 성격이 아니었겠나. 장려상에 한복지 한 벌을 부상으로 준 것도 지난 시절의 아련한 풍경이다.

1974년 개장한 한국민속촌이 불과 2년 만에 우리 민속에 대한 사회적 관심을 촉구하는 행사를 기획한 것은 탁월한 안목이었다. 조선 후기의 생활상이 깃들인 민속촌에서 단옷날 그네를 뛰고 널을 뛰는 장면은 가히 장관이었으리라. 추천(鞦韆)이라고 했던 그네뛰기는 단옷날에 여성이 가장 좋아하던 놀이였다. 1년 내내 바깥 구경을 못하던 젊은 여인들은 단옷날만큼은 밖에 나와 해방감을 맛보았다고 한다. 그네뛰기는 혼자서 뛰는 외그네와 두 사람이 서로 마주보며 올라타고 뛰는 쌍그네가 대표적이다. 누가 가장 높이 올라가느냐에 따라 승부가 결정되었다.

신윤복의「단오풍정(端午風情)」은 부녀자의 그네 뛰는 모습을 아름답게 묘사한 명화라고 정평이 나 있다. 일제강점기에는 조선총독부의 문화 말살정책에 따라 단오제는 물론 그네뛰기가 거의 사라졌다가 겨우 강릉단오제로 명맥을 잇고 있다. 서정주 시인은「추천사(鞦韆詞)」에서 이런 절창을 남겼다.

　　서(西)으로 가는 달 같이는
　　나는 아무래도 갈 수가 없다
　　바람이 파도(波濤)를 밀어 올리듯이
　　그렇게 나를 밀어 올려다오
　　향단아.[19]

　그네를 타보지 못한 아이들! 어린이 놀이터에서 아이의 그네를 밀어주는 엄마의 모습을 그려보고 싶다. '아파트 풍정'이라고 제목을 붙이면 안 될까? '아파트 추천사'라는 제목으로 시를 써보면 안 될까? 아니면 한국민속촌에서 그네 뛰기 대회를 다시 열어보면 안 될까?

우유 사랑 공익 캠페인도 전개했지

식품은 너무 남아도 너무 부족해도 문제가 된다. 농림축
산식품부의 발표 자료에 의하면 2014년에 젖소에서 짜낸 원
유 생산량은 하루 평균 6,066톤으로 2013년의 같은 기간에
비해 332톤 증가했지만, 우유의 국내 소비량(수출+국내 소비)
은 375만 6,673톤에 그쳤다고 한다.

우유는 그때그때 소비하지 않고 시간이 지나면 썩는 부패
성 상품(perishable goods)이다. 남아도는 원유와 소비 부진으
로 어려움을 겪는 우유업계를 돕기 위해 식품 및 유통 업계
가 발 벗고 나섰다. 우유 시음·할인 행사, 하나 더(+1) 증정
행사, '우유 사랑 라떼' 커피 캠페인 등 판촉 행사 이름도 각
양각색이다. 이런 대규모 행사가 처음이라며 과장 보도하는
언론도 있지만, 1980년대에도 정부의 주도 하에 우유 사랑
캠페인이 대대적으로 전개되었다.

농수산부(현 농림축산식품부)와 한국유가공협회의 공동 광
고 '우유 사랑' 편(1981년 2월 23일, 「동아일보」)을 보자. "모녀역
전(母女逆轉)"이라는 헤드라인에 이어, 엄마의 목소리로 "하
루도 빠짐없이 우유를 먹여왔더니 내려다보던 딸아이를 이
젠 올려다보게 됐군요"라며 키의 역전이 대견하다는 느낌을
부제목에서 전하고 있다. 엄마와 딸이 서로 키를 비교해보며

눈짓, 손짓을 하는 장면이 정겹다. 텔레비전의 소비재 광고에서 자주 쓰는 일상의 단면 표출이라는 광고 전략을 신문 광고에 적용한 셈인데, 인쇄 매체에서 그 전략을 써도 어색하지 않고 일상의 한 장면이 생생하게 전해져온다.

보디 카피로는 "우유를 마시면 이렇게 좋아집니다"라며 열 가지 근거를 제시한다. 매일 필요한 영양분을 제공하고, 발육을 왕성하게 하며, 머리를 좋게 하고, 치아를 건강하게 해주며, 빈혈을 막아준다고 한다. 그리고 피부를 아름답게

농수산부의 우유 권장 광고 '우유 사랑'(1981년 2월 23일, 「동아일보」)

하고, 고혈압을 낮게 해주며, 암의 발생을 방지하고, 비만을 방지하며, 소화가 잘되게 한다는 것이다. 오른쪽 하단의 광고주 표시 부분 바로 위에 손으로 우유 컵을 잡고 있는 캠페인의 상징은 "사랑을 주세요 우유를 주세요"라는 슬로건과 맞물려 시너지 효과를 내고 있다.

공급 과잉과 소비 침체로 시름이 깊어진 우유업계와 낙농가를 돕기 위해 대대적인 캠페인을 전개하는 것은 환영할 만한 일이다. 그렇지만 최근 벌어지고 있는 우유 사랑 캠페인은 언제나 그랬듯 오래 이어지지 못하고 일시적으로 끝나버릴 것 같다.

그래서 우유 사랑의 공익적 측면을 고려할 필요가 있는 법. 예를 들어 우윳값의 몇 퍼센트가 환경보호기금으로 쓰인다거나, 소년소녀 가장에게 날마다 우유를 마시게 하는 데 쓰인다거나 하는 공익성 메시지 말이다. 이를 공익 연계 마케팅(Cause Related Marketing)이라고 하는데, 우유 사랑을 공익적 측면과 연계한다면 국민들은 자신이 마시는 우유 한 잔에도 좋은 뜻이 담겨 있다고 생각하지 않겠는가. "우윳값은 결코 아까운 돈이 아닙니다." 1981년 광고의 보디 카피 마지막 줄에서 한 말이다. 기왕에 우유 사랑 캠페인을 전개할 바에는 우유 값이 아깝다는 생각이 들지 않도록 공익성 캠페인으로 확장할 필요가 있지 않을까?

브랜드 가치에 눈뜬 상표 전시회

　기업에서 브랜드를 경쟁사와 차별하기 위한 전략적 수단으로 인식하기 시작하면서 브랜드는 기업이 보유하는 가장 중요한 자산의 하나로 인식되고 있다. 브랜드 자산이란 브랜드의 이름과 상징 및 어떤 브랜드 자체가 가지는 자산과 부채 모두를 의미한다. 기업의 가치가 곧 브랜드 자산의 가치로 평가되는데 브랜드의 가치가 높으면 그 기업의 가치도 높아지기 때문이다. 브랜드 전문가인 데이비드 아커(David Aaker) 교수에 의하면, 브랜드 자산(brand equity)은 브랜드 충성도, 브랜드 인지도, 지각된 품질, 브랜드 연상 그리고 기타

대한상공일보사의 제1회 전국상표종합전시회 광고(1968년 9월 12일, 「매일경제신문」)

독점적 브랜드 이미지라는 다섯 가지 요인으로 구성된다고
한다.[20] 일찍이 상공부(현 산업통상자원부)에서는 상표(브랜드)
의 중요성을 인식했던 것 같다. 1968년에 벌써 정부에서는
상표의 중요성을 강조했으니 말이다.

　대한상공일보사의 '제1회 전국상표종합전시회' 안내 광
고(1968년 9월 12일, 『매일경제신문』)를 보자. 이 전시회는 대한
상공일보사가 주최했지만 "협동: 세운상가번영회일동, 주
관: 제1회 전국상표종합전시위원회, 후원: 상공부, 서울특별
시, 대한상공회의소"처럼 상공부를 비롯한 여러 기관이 공
동으로 기획하고 참여한 대대적인 행사였다. 8,000여 상품을
3,000여 전시관에 출품한다고 했으니 당시로서는 정말 야심
찬 기획이었다.

　광고 카피에서는 정말 낯설게도 '동원 계획'을 알리고 있
다. 서울 시내 중고등학교와 대학교를 개별 초청해서 순회
관람시키고, 라디오와 텔레비전 및 신문을 이용해 선전(홍보)
활동을 벌이고, 상가 점포에 상주하는 10만여 명을 활용해
관람객을 동원하고, 국내의 인기 배우를 특별 초청하고, 인
기 레코드 회사와 제휴하여 직장 대항 가요 '콩쿨'(콩쿠르) 대
회를 매일 거행하고, 국내 백화점 및 시장 번영회의 회원들
을 특별 초청하고, 전시품을 서울 시내 전반에 걸쳐 선전 순
회한다는 내용이다.

주최 측에서 내부적으로 검토해야 할 홍보 전략을 광고 카피로 대내외에 알리고 있으니 어안이 벙벙하지만, 이 박람회에 건 기대가 그만큼 열정적이었음을 보여주는 증거이리라. 또한, 상표 전시회답게 세 가지 브랜드를 알리고 있다. '국제표'의 국제타이쓰(타이즈)와 국제스타킹, '크라운'의 크라운맥주, '삼강'의 삼강 마아가린이 그 시절을 대표하는 브랜드였음을 확인할 수 있다. 특히 삼강 마가린의 경우 "당신의 건강을 증진시키지 않으시렵니까?"라는 카피를 써서 브랜드 가치를 환기하고 있으니, 요즘의 카피 스타일에 비춰보면 고소를 금할 길이 없다.

조선시대에는 '사농공상'이라는 표현이 일반적이었는데, 언제부턴가 '공상'에서 '상공'으로 그 순서가 바뀌었다. 만드는 것보다 파는(商) 문제가 그만큼 중요해졌다는 시대적 가치가 반영된 결과이리라. 1964년 5월 12일, 상공업 진흥과 상공인들의 의욕을 고취하고자 제1회 상공의 날 행사를 연이후 통상 문제는 언제나 정부의 핵심 정책이었다. 그 많던 지난날의 상표들은 다 어디 갔을까? 해마다 돌아오는 상공의 날에는 기념행사만 하지 말고 수십 수백 년 동안 장수할 수 있는 브랜드 자산을 관리할 수 있는 현실적인 방안들이 구체적으로 논의되어야 한다.

태권도 정신은 한류의 원조

한국인이라면 누구나 알고 있는 국기(國技) 태권도. 우리의 태권도는 1970년대 이후 꾸준히 해외로 진출해 2000년 시드니 올림픽에서는 정식 종목으로 채택되는 성과를 거뒀다. 세계의 여러 나라에서 태권도 인구가 급증하고 있고 태권도와 관련된 여러 행사가 이루 셀 수 없을 정도로 많았다. 2014년 5월 31일, 미국 뉴저지 주 저지시티 시정부는 5월 마지막 주 토요일을 태권도의 날로 선포한다는 기념식을 열었다. 한류라는 말이 생기기도 전에 태권도는 한국이라는 조그만 나라를 세계에 알렸던 주요 스포츠 콘텐츠였다. 한류 콘텐츠의 원조 격이라고 하면 지나친 과장일까? 비교적 최근의 정부광고에서 태권도 한류를 느껴보자.

서울특별시의 태권도 광고 '서울로 오라' 편(2008년 10월 27일, 「뉴욕타임스」)에서는 발차기 하는 선수의 품새가 가장 먼저 눈에 들어온다. 그뿐이겠는가? 미국인들이 사랑하는 태권도를 유수의 신문에 광고한 것만으로도 눈길을 끈다. 신문 지면의 쿼터(4분의 1) 크기로 실린 이 광고에서는 서울시의 태권도 관광 프로그램과 함께 웹사이트(www.taekwonseoul.org)를 소개했다. "서울로 오라"는 명령형 헤드라인 아래 "진짜 태권도 사범의 시범을 체험하라"는 서브 헤드라인을 덧붙였다.

이어지는 보디 카피에서는 태권도의 고향인 서울에서 진짜 태권도 사범들이 펼치는 시범을 보고 배우라고 했다. 태권도를 체험하면 잊을 수 없는 여행이 되리라며 소비자 혜택을 강조하는 것도 빼놓지 않았다. 광고에서는 3월 22일부터 12월 6일까지 매주 수요일과 금요일에 경희궁에서 태권도 시범 문화공연을 하고, 월요일을

서울시의 태권도 광고 '서울로 오라'(2008년 10월 27일, 「뉴욕타임스」)

제외하고 매일 하루 세 차례 태권도 체험을 할 수 있다는 점도 강조했다.

태권도를 활용한 많은 광고가 있지만 9월 4일 태권도의 날을 맞아 이 광고를 선정한 것은 세계로 향했던 태권도의 역사가 이 광고 하나에 응축되어 있었기 때문이다. 1994년 9월 4일, 프랑스 파리에서 열린 제103차 국제올림픽위원회 (IOC) 총회에서 태권도가 올림픽 정식종목으로 채택되었다.

세계태권도연맹(WTF)은 이 날을 기념하고 태권도의 위상을 강화하기 위해 2006년 열린 베트남 호치민시에서 열린 정기 총회에서 매년 9월 4일을 태권도의 날로 정했다.

한편 2014년 9월 4일은 우리나라 태권도인들에게 겹경사의 날이었다. 세월호 참사로 무기한 연기되었던 무주의 태권도원이 공식 개원식을 했다. 4,500석 규모의 태권도 전용 T1 경기장은 세계에 자랑할 만한 수준이다. 개원식을 하고 나면 태권도원은 태권도의 성지라는 상징적 지위를 얻게 될 터. 태권도원 개원식에 맞춰 해외 사범들을 대거 초청했다고 하니 외국인 태권도 애호가들은 더 많은 관심을 가질 터.

2016년 리우데자네이루 올림픽에서 남북한 태권도 선수들의 동시 참가도 기대할 수 있다는 소식에 잠시 기쁨을 맛보기도 했다. 세계태권도연맹(WTF)과 국제태권도연맹(ITF)으로 태권도 단체가 양분된 상황에서 국제올림픽위원회는 단체의 대표성과 대회 규정에 있어서 세계태권도연맹만 인정했다. 이에 따라 국제태권도연맹 소속인 북한은 올림픽에 출전하지 못했는데, 남북 태권도연맹 총재가 상대방이 주최하는 대회에 출전을 허용했다고 하니 올림픽 동시 참가도 기대했으나 성사되지는 않았다.

이제 태권도 사범의 해외 파견을 넘어서 태권도를 우수한 스포츠 콘텐츠로 육성해 K-스포츠 물결을 일으켜야 한다. 품새(형)와 겨루기(대련)의 기본 원리를 전파함은 물론 한국이 세계에 선물한 태권도의 질적 도약을 새롭게 시도해야 한다. 동양철학자 김용옥 선생이 『태권도 철학의 구성원리』 (1990)에서 술(術)과 도(道)의 차이를 그토록 강조했던 까닭은 운동으로서의 태권도를 넘어 태권도의 철학과 정신세계를 널리 전파하려는 의도[21]가 앞섰기 때문이 아니었겠는가. 다시 말해서, 그동안 태권도의 하드웨어를 수출해왔다면 앞으로는 태권도의 소프트웨어나 브레인웨어를 전파해야 한다. 그렇기 때문에, "진짜 태권도 사범의 시범을 체험하라"는 2008년의 광고 카피도 이제는 "진짜 태권도 사범의 정신을 체험하라"로 바뀌어야 하리라.

나눔과 사랑

자선만큼 감동적인 사업은 없다

한 해가 끝으로 접어들면 여러 단체와 기업들이 어려운 이웃들의 따뜻한 겨울나기를 위해 이웃 돕기 운동을 펼친다. 우리 모두를 훈훈하게 하는 일이다. 최근의 이웃 돕기는 성금 기부를 비롯해 쌀, 연탄, 기름, 라면, 국수, 김장김치 같은 물품 기부에 이르기까지 다양한 형태로 전개되고 있다. 이밖에도 기업이나 단체에서는 불우학생 도시락 지원, 저소득층 건강보험료 지원, 소외계층 돕기 자선바자, 범죄 피해자 지원, 해양오염 방지를 위한 클린오션 봉사 같은 다양한 사

국무총리 이름으로 발표한 공익광고 '이웃 돕기'(1978년 12월 15일, 「동아일보」)

회공헌 활동을 펼치면서 이웃 돕기 캠페인을 전개하고 있다. 이러한 마음 나눔 활동은 오래전부터 계속되었는데, 1970년 대에는 정부가 나서서 온 국민을 대상으로 이웃 돕기 캠페 인을 전개하기도 했다.

정부에서 국무총리 이름으로 발표했던 광고 '이웃 돕기' 편(1978년 12월 15일, 「동아일보」)에서는 "연말 이웃 돕기 운동 전개에 즈음한 담화문"이라는 헤드라인으로 국민의 동참을 촉구했다. 세모를 맞이해 한국신문협회와 한국방송협회 같 은 언론계가 중심이 되고 사회 각계각층이 참여해 연말 이웃 돕기 운동을 전개하고 있으니 모든 국민이 참여해달라고 권고하는 내용이다. "인보(隣保: 이웃끼리 서로 도움)와 상부상조는 우리의 조상전래(祖上傳來)의 미풍(美風)"이라면서 1975년부터 정부에서 주도한 연말 이웃 돕기 성금이 이재민 지원사업, 영세민 의료 혜택, 사회복지시설 지원 같은 일에 보람 있게 쓰이고 있다며 그 용처까지 밝히고 있다.

또한 각계 지도층 인사와 기업인에게 "자신의 사회적 위치와 책임을 일깨워 동포애를 실천하는 이 운동에 솔선참가(率先參加)하여 주시기를" 바란다는 특별 당부의 메시지도 강조했다. 이렇게 함으로써 "국민총화가 더욱 굳건해지고" 나아가 "밝고 인정이 넘치는 사회를 건설해"나갈 수 있다며, 이웃 돕기의 기대효과로 담화문을 마무리짓고 있다.

여러 단체에서도 이웃사랑 캠페인을 전개하고 있다. 사회복지공동모금회의 '희망 나눔 캠페인'을 비롯해 대한적십자사의 '적십자 회비모금 캠페인'이나 구세군의 '자선냄비 시종식' 등이 사랑의 손길을 기다리고 있는 것이다. 이런 분위기 속에서도 전북 완주에서는 업주의 태도가 마음에 들지 않는다는 이유를 들어 업소에 있던 '사랑의 모금함'을 훔친 60대가 경찰에 붙잡히는 사건도 발생했다.[22] 안타까운 일이다.

주위를 찬찬히 둘러보라! 우리 주변에 도움의 손길이 필요한 곳은 뜻밖에도 많다. 아무리 작은 정성이라도 어려운 이웃에게는 큰 도움이 되지 않겠는가? 개인의 온정을 넘어 기업 차원에서 실시하는 자선활동도 더 늘었으면 싶다. 기업의 사회공헌 활동은 기업의 브랜드 이미지 형성에도 영향을 미친다. 기업은 평소에도 자주 사회공헌 활동을 해야 하지만, 연말연시에 하는 이웃사랑은 어려운 이들에게 사랑의 온도를 더 높이고 마음속에 따스한 군불을 지필 것이다.

필요하다면 정부 차원에서 연말 이웃 돕기 캠페인을 전개해도 의미가 크겠다. 공익광고에 나타난 저 1970년대의 이웃 돕기 운동처럼 말이다. 헬렌 켈러(Helen Keller)는 "인생은 남을 위해 살아갈 때 가장 감동적인 사업이 된다"는 명언을 남겼다. 자선이란 자신을 기꺼이 남에게 주는 마음이다. 갈수록 추워지는 날씨 속에서도 우리 주변에 사랑의 온정이 펄펄 끓어넘쳐 꽁꽁 얼어 있던 마음들을 따뜻하게 녹여냈으면 싶다.

손끝으로 전하는 연하 엽서의 정

연말연시가 다가오면 각양각색의 송년 분위기가 솔솔 풍긴다. 10여 년 전만 해도 12월이 되면 연하장이나 연하 엽서를 고르려고 우체국이나 문구점을 찾는 사람들이 많았다. 그런데 최근 들어서는 이런 풍경도 점점 사라지고 있다. 연하엽서를 보내는 풍습은 기실 일제강점기에 우리나라에 들어와 지금에 이르고 있다. '연하(年賀) 엽서'를 사고 내용을 쓰는 것을 중요하게 생각하며 12월을 분주하게 보내는 일본인들이 지금도 많다.

이에 비해 우리나라에서는 인터넷이나 스마트폰이 보편화되면서 송년인사나 새해 인사를 연하 엽서로 하지 않고 첨단 디지털 기기를 통해 보내는 사람들이 늘고 있다. 연하엽서라는 이름은 카드가 아닌 우편엽서 형태로 되어 있는데서 유래했다고 하는데, 이제 디지털 엽서라고 불러야 할판이다. 그렇지만 여러 기업이나 기관 및 단체의 장들은 여전히 지인이나 고객들에게 연하 엽서를 보낸다.

체신부(현 우정사업본부)의 광고 '연하 엽서' 편(1977년 12월 15일, 「경향신문」)을 보자. "새해의 인사는 간편한 연하그림엽서로!"라는 헤드라인을 쓰고, 엽서에 들어갈 동양화를 보여주는 단순한 내용이다. "우표를 붙일 필요가 없고 고상한 그림엽서와 봉투를 30원으로 보낼 수 있습니다"라고 설명하며 경제성을 강조한 점이 인상적이다. 겨울 풍경을 은은하게 묘사한 전통적인 산수화를 비주얼로 쓰고, 아래쪽에 "희망의 새해를 맞이하여 온 가정에 만복이 깃들이시기를 빕니다"라는 인사말을 덧붙였다.

체신부에서 발행하는 1970년대의 연하 엽서를 골고루 살펴본 결과, 정선, 김홍도, 신윤복의 그림이 자주 활용되었음을 확인할 수 있었다. 「관보」를 통해 정부의 물자절약 시책을 내세우며 캘린더, 크리스마스카드, 연하 엽서의 발행을 자제하라는 국무총리의 지시를 강조한 적도 있다. 조그만 크기의 연하 엽서까지도 물자 절약 대상이었다니 실로 놀라울 따름이다.

해마다 연말이 되면 그해를 상징하는 우체국 연하 엽서를 발행한다. 인터넷 우체국(www.epost.go.kr)에서 확인할 수 있다. 행운을 기원하고 행복을 상징하는 문양에 질주하는 말

연하 엽서를 권하는 체신부 광고(1977년 12월 15일, 「경향신문」)

이나 익살스럽게 웃는 말의 모습이 담겨져 있다. 인터넷이나 스마트폰을 통해 송년인사나 신년인사를 하면 물론 편리하다. 그렇지만 1970년대식으로 연하 엽서를 보내보는 것은 어떨까? 아날로그 정서를 느낄 수 있지 않겠는가.

다만 "희망의 새해를 맞이하여 온 가정에 만복이 가득하길 빕니다" 같은 천편일률적인 문구는 피했으면 싶다. 한 줄이라도 좋다. 자신만의 메시지를 꼭 써서 보내자. 보내는 이의 이름까지 인쇄한 연하 엽서는 절대로 보내지 말자. 받는 사람은 이런 연하 엽서를 받고 나서도 아무런 감동을 느끼지 못한다. 적어도 보내는 이의 이름만큼은 자필 서명이라도 해야 하지 않을까? 1970년대의 연하 엽서 광고에서 아날로그의 따스함을 배워보자. 세상이 스마트해질수록 아날로그적 온기가 더 필요하니까.

크리스마스 실을 사던 그 마음

1960년대와 1970년대에는 해마다 12월이 오면 크리스마스 실(seal) 사는 것을 연례행사로 여겼다. 카드나 연하장을 보낼 때 영문도 모른 채 당연히 그래야 한다는 듯이 우표와 나란히 실을 붙여 보낸 기억들이 있으리라. 학교에서도 크리

대한결핵협회의 텔레비전 광고 '크리스마스 실'(1969년 12월 10일, KBS)

스마스 실을 단체로 구입해 학급별로 할당하는가 하면 크리
스마스 실을 사려고 우체국 앞에 줄을 서기도 했다.

모두들 알다시피 크리스마스 실은 덴마크 코펜하겐에 있
는 작은 마을의 우체국장이던 아이나르 홀뷜(Einar Hollbelle)
이 1904년에 처음 개발했다.[23] 우리나리에서는 대한결핵협
회가 창립된 1953년에 결핵 환자의 치료 재원을 마련하기
위해 크리스마스 실 판매 캠페인을 본격적으로 시작했다. 그

후 지금까지 이어지고 있지만 2017년 현재도 우리나라는 10만 명당 79명의 결핵 환자가 있으며 이 수치는 OECD 국가 가운데 1위라고 한다. 그런데 최근 들어서는 크리스마스 실 판매가 급감하고 있다.

대한결핵협회의 텔레비전 광고 '크리스마스 실' 편(1969년 12월 10일, KBS)을 보자. 광고가 시작되면 "크리스마스 실을 삽시다"라는 헤드라인이 커다란 자막으로 제시된다. 사람들이 크리스마스 실을 사는 장면들이 삽입 컷(insert cut)으로 슬쩍슬쩍 스쳐가고 나면 앳된 얼굴의 사미자 씨가 등장해 이렇게 강조한다. "여러분이 결핵 환자를 위해 사주시는 이 조그만 딱지 한 장 한 장이 무서운 결핵을 뿌리 뽑는 원동력이 되고 있습니다. 여러분 올해에도 이 크리스마스 실을 많이 사서 결핵 환자를 도웁시다."

재미있게도 이 광고에서는 크리스마스 실을 '딱지'라고 표현했다. 당시에 무서운 병이었던 결핵을 치료하는 원동력이 바로 색동옷과 무궁화 문양이 그려진 딱지 한 장에서 나온다는 뜻이다. 또박또박 전달하는 사미자 씨의 차분한 말투는 그 시절의 시청자들에게 호소력 있는 메시지로 다가갔으리라. 1960년 12월, 영화배우 최은희 씨가 "크리스마스 실을 삽시다"라는 캠페인 광고를 처음 촬영했다.

그 후 1961년 12월에는 당대 최고의 스타였던 엄앵란 씨가, 1967년 11월에는 한국의 엘리자베스 테일러로 불렸던 영화배우 김지미 씨가, 1970년에는 배우 김자옥 씨가 크리스마스 실 캠페인의 광고 모델이었다. 당대 최고의 스타들이 거의 무료로 출연했을 만큼 크리스마스 실 판매는 국가적으로 중요한 정책 캠페인이었다. 극장에서도 영화 상영 중간에 실 판매 광고를 내보내기도 했다.

해마다 다가오는 크리스마스는 크리스마스 실과 함께 했을 때 더 특별한 의미가 있을 터이다. 대한결핵협회가 창립된 1953년 이후 크리스마스 실을 발행했지만 2013년에는 대한결핵협회 창립 60주년을 기념해 역대 크리스마스 실 '베스트 10'을 묶어 발행하기도 했다.

하지만 갈수록 크리스마스 실에 대한 관심이 떨어지고 있어 안타깝다. 크리스마스 실의 판매액은 2009년의 57억 2,000만 원에서 2012년의 43억 원으로 25퍼센트나 감소했다. 대한결핵협회는 트렌드를 고려해 뽀로로 캐릭터나 김연아 선수를 디자인에 활용함은 물론 전자파를 차단하는 실이나 SNS로 보낼 수 있는 실을 개발했는데도 별 효과가 없다고 한다. 지금이라도 당장 크리스마스 실 캠페인(loveseal.knta.or.kr)에 동참하자. 1960년대의 스타들처럼 요즘 스타들이 크리스마스 실 광고에 무료로 출연할 용의는 없는지? 아직도 결핵 환자들은 국민들의 사랑이 고프다.

연말연시에 그리워지는 손 편지

스마트폰 이용자가 4,000만 명을 넘어섰다. 국내외 카카오톡 가입자도 1억 명을 넘어섰다고 한다. 미디어 환경이 이렇게 바뀐 상황에서 연말연시를 맞이해 손으로 쓴 편지나 카드를 보내는 분들이 과연 몇이나 될까 싶다. 이메일이나 SNS로 안부 인사를 전하면 비용도 들지 않고 우편보다 빨리 실시간으로 전달된다. 이런 마당에 손으로 쓴 편지나 카드가 점점 더 드물어지는 건 당연한 일이다. 하루에 우체통을 이용하는 편지도 지난 2004년의 약 21통에서 2014년에는 7통으로 정확히 33퍼센트로 줄었다고 한다. 전국의 우체통 숫자도 지속적으로 감소할 수밖에 없다. 손으로 쓴 편지는 오래된 문자 소통의 방법인데, 1970년대는 편지의 전성시대라 해도 과언이 아닐 것이다.

체신부(현 우정사업본부)의 광고 '연말연시 우편물 이용' 편(1977년 12월 6일, 「경향신문」)을 보자. "우편물 이용에 대한 부탁의 말씀"이라는 헤드라인 아래 연말연시 우편물 특별 소통기간에 바르게 우편물을 이용하는 네 가지 방법을 설명하고 있다.

이 광고에서 가장 주목할 대목은 우편봉투를 쥔 채 주의사항 네 가지를 손가락에 세로로 표기한 디자이너의 유려한

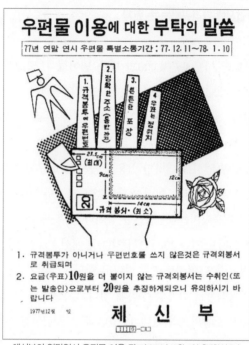

우편물 이용에 대한 부탁의 말씀

77년 연말 연시 우편물 특별소통기간 : 77. 12. 11〜78. 1. 10

1. 규격봉투와 우편번호
2. 정확한 주소 (통반까지)
3. 튼튼한 포장
4. 우표의 정위치

23.5cm (최대)
9cm
12cm
14cm
·규격 봉서· (최소)

1. 규격봉투가 아니거나 우편번호를 쓰지 않은것은 규격외봉서
   로 취급되며
2. 요금(우표)10원을 더 붙이지 않는 규격외봉서는 수취인(또
   는 발송인)으로부터 20원을 추징하게되오니 유의하시기 바
   랍니다

1977년 12월   일

체 신 부

체신부의 연말연시 우편물 이용 광고(1977년 12월 6일, 「경향신문」)

솜씨다. 40여 년 전의 광고인데도 요즘의 디자인 스타일에
비겨도 손색이 없을 정도로 세련된 감각이 돋보인다.

주의사항을 보다 세세히 살펴보자. 규격봉투에 우편번호
를 써야 하며, 통반까지 정확한 주소를 표기해야 하며, 튼튼
한 포장이 필요하며, 우표는 정위치에 붙여야 한다는 것이
다. 규격봉투가 아니거나 우편번호를 쓰지 않은 편지는 '규

격외 봉서'로 취급되며, 10원짜리 우표를 하나 더 붙이지 않은 '규격외 봉서'는 "수취인(또는 발송인)으로부터 20원을 추징하게 되오니" 유의하기 바란다는 내용도 덧붙였다. 그 무렵 규격봉투를 쓰지 않는 사람들이 많았기에 이처럼 봉투 쓰는 방법을 알리는 광고까지 했을 터. 어쨌든 1970년대의 연말연시에는 편지지를 고르고 자신의 정성을 한 땀 한 땀 담는 사람들이 많았기에 우편물의 특별소통 기간까지 정해졌을 것이다.

1970년대 11월 말의 신문기사 제목을 대충 훑어보자. "연말연시 우편특별봉사" "연말연시 우편물 특별수송대책 마련" "우편물 벌써 연말체증 눈앞에" "송년 우편물 홍수" "연말연시 우편물 특별소통기간 수립 실시"과 같은 내용이다. 성탄 연하장 같은 시한성 우편물에 대한 특별 소통 대책을 수립하고 전국의 우체국이 비상근무 체제에 들어가는 경우도 많았다. 지금은 어떠한가? 연말연시에 국제 우편물이 폭주하니 국가별로 발송 권고일을 알리는 정도다. 우체국의 우편연계 시스템을 이용해 우편물(연하장) 발송을 요청하면 우체국에서 우편물을 제작하고 출력해서 수취인에게 배달해 준다는 '전자우편 서비스'를 홍보하기도 한다.

2014년 11월 7일 오전 11시경 서울중앙우체국 앞마당에서는 '편지! 소통을 말하다 2014 Seoul Korea 5000만 편지

쓰기' 행사가 열렸다. 성과가 돋보인 행사였지만 소셜미디어 시대에 억지로 종이에 손으로 편지를 써야 한다며 앞으로 캠페인을 지속할 근거는 미약할 수밖에 없다.

아무리 그렇더라도 연말연시를 맞이해 1년에 한 번 정도는 손으로 편지나 연하장을 써보는 것은 어떨까 싶다. 손으로 쓴 편지에는 보내는 사람의 필체까지 녹아 있다. 굳이 아날로그적인 감성까지 엿볼 수 있다고 강조할 필요는 없겠지만, 쓴 사람의 정성이나 촉촉한 마음이 디지털 편지보다 액면 그대로 고스란히 전해지지 않겠는가?

열여섯 번이나 바뀐 대학입시 제도

해마다 대학수학능력시험(수능시험)이 코앞으로 다가오면 전국의 수험생과 학부모들은 숨죽이며 그날을 맞이할 것이다. 수능시험이란 문자 그대로 대학에서 수학할 수 있는 능력이 되는 자를 선발하기 위하여 교육부에서 해마다 실시하는 시험이다. 지금의 수능시험은 1994학년도에 도입되었다. 교육부의 자료에 의하면 대학입시 제도는 광복 이후 열여섯 번이나 바뀌었다.

주요 변화만 톺아보자. 대학별 단독시험제(1945~1953)에서 대입 예비고사와 대학별 본고사 병과(1969~1980), 대입 학력고사와 고교 내신성적 반영 병과(1981~1985), 고교 내신성적과 수능시험 및 대학별 본고사 병과(1994~1996)로 바뀌었다. 그 후 수능시험과 학교생활기록부 및 논술, 추천서, 심층면접 등 병과(2009~2014)를 거쳐, 2015학년도부터는 이전의 틀에서 영어 수준별 시험 폐지, 수시 수능성적 반영 완화, 수시 네 개와 정시 두 개로 전형 방법 제한 같은 것으로 내용이 달라졌다. 대입 제도의 역사는 결국 대학 주도의 선발이냐 아니면 국가 주도의 선발 방식이냐를 놓고, 선발 기준이 엎치락뒤치락하며 변천해온 셈이다. 그렇다면 1970년대의 사정은 어떠했을까?

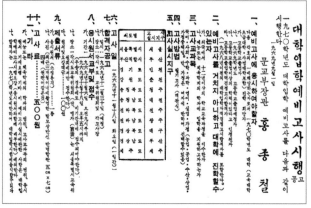

문교부의 대입 예비고사 광고(1969년 9월 2일, 「동아일보」)

문교부(현 교육부)의 광고 '대입 예비고사' 편(1969년 9월 2일, 「동아일보」)을 보자. "대학입학 예비고사 시행 공고"라는 헤드라인을 지면의 오른쪽에 세로로 배치하고, 1970학년도 대입 예비고사를 시행한다는 내용을 본문에서 상세히 알리고 있다. 예비고사에 응시하여야 할 자, 예비고사를 거치지 아니하고 대학에 진학할 수 있는 자, 고사 교과목, 고사 방법, 고사 실시 지구, 고사일, 합격자 공고, 응시원서 교부 및 접수, 제출 서류, 고사료, 기타 같은 열한 가지 사항을 하나하나 상세히 설명하고 있다.

이 광고에 명시된 기준에 따라 1969년에 예비고사를 본 70학번 대학생들은 지금쯤 거의 사회에서 은퇴하고 노년을 준비하고 계실 것이다. 우골탑(牛骨塔) 세대였던 그분들은 대학생으로서 특권도 누렸지만 그만큼 우리 사회에 많은 것을 돌려주셨다. 그분들이 이 광고를 보며 마음 졸인 채 시험 준비를 하던 고3 시절로 다시 한 번 돌아가보시면 어떨까? 체력도 점수화되던 시절에 젖 먹던 힘까지 다해 체력장 시험을 보던 순간을 떠올리시며 다시 한 번 힘을 불끈!

해마다 대입 시험 날이 되면 시험에 관련된 에피소드도 많다. 경찰관의 수험생 수송 작전은 해마다 등장하는 단골 뉴스다. 수능시험을 보러가다 교통사고를 당한 수험생이 병원에서 시험을 보거나, 영어 듣기 시험 도중에 갑자기 방송이 중단되어 비상용 CD로 듣기평가를 했다는 경우도 있다. 또 다른 풍경은 합격 선물이다. 최근에는 수능시험을 앞둔 수험생을 겨냥해 다양한 상품으로 수능 마케팅을 전개하는 기업도 늘고 있다. 수험생을 응원한다며 합격 기원 제품을 출시하는 게 대표적이다.

합격 기원 제품을 사용한다 해서 더 좋은 점수를 얻을 리 없다. 그렇지만 입시 날 쏠쏠한 추억을 안겨준다는 점만은 분명하다. 시험에 낙방하지 말고 찰싹 붙으라는 마음을 담은 엿, 정답을 콕콕 잘 찍으라는 뜻을 담은 포크, 문제를 술술 풀어나가라는 뜻의 휴지, 시험 전날 잠을 푹 자야 한다며 주는 건강 베개 등 그 어떤 것이라도 수험생에게 힘이 될 것이다.

수능시험은 온 나라의 같은 또래가 한날한시에 시험을 치른다는 점에서, 온 나라 수험생의 성적을 일렬로 나열하며 상대적으로 평가하는 성격이 짙다. 해마다 대학입시를 치르는 수험생들은 어떤 꿈을 꿨을까? 자신에게 맞는 최적의 컨디션을 조절하며 마지막 집중력을 발휘하는 것도 좋겠지만 그에 못지않게 좋은 꿈을 꾸는 것도 중요하다. 미국의 프로 골퍼 아널드 파머는 "집중력은 자신감과 갈망이 결합하여 생긴다"는 명언을 남겼다. 대학입시를 거친 모든 수험생들은 그동안 더 높은 점수를 얻기를 갈망하면서 확고한 자신감을 가지고 끝까지 마지막 집중력을 발휘했으리라.

돼지저금통의 추억과 저축 운동

그 많던 돼지저금통은 지금 다 어디로 갔을까? 빨간 돼지 저금통과 예금통장이 자랑거리가 되던 시절이 있었다. 정부 는 국민의 저축 의식을 높이기 위해 1964년 9월 25일을 저축 의 날로 지정했다. 저축의 날은 1973년에 11월 21일인 보험 의 날과 5월 3일인 증권의 날을 저축의 날로 통합했다가 10월 2일로 변경했고 그 뒤로 1984년에는 1월 22일에서 10월의 마지막 화요일로 네 차례 변경돼 오늘에 이르고 있다.

우리나라 경제개발 시대와 맞물려 지속적으로 강조되던 저축은 1980년대 이후 정부 주도에서 민간 주도로 바뀌었 다. 금융시장의 확장으로 투자의 시대가 열리자 사람들의 관 심은 저축에서 증권으로 옮겨가게 되었다. 이 과정에서 저축 보다 내수 확장을 위해 소비를 강조한 결과 저축의 가치가 점차 떨어졌고, 국민들도 저축에 큰 관심을 갖지 않았다.

재무부와 대한금융단의 공동 광고 '저축 배가' 편(1967년 8월 1일, 「매일경제신문」)을 보자. '저축 배가 범국민운동'을 전 개하며 1967년도의 저축 목표액을 408억 원에서 800억 원 으로 두 배 정도 높게 책정했다. "달성하자 배가(倍加) 저축 이룩하자 자립경제"라는 이 시대의 표어에서 알 수 있듯이, 저축은 자립경제로 나아가기 위한 주요 원천이었다. 1971년

7월에는 재무부, 대한금융단, 생명보험협회, 한국증권단이 공동으로 주최한 저축전시회가 국립공보관에서 열리기도 했다.

국민은행(현 KB국민은행)의 광고 '헌 돈 교환' 편(1973년 10월 22일, 「경향신문」)을 보자. 10월 저축 추진 강화의 달을 맞아 '헌돈교환 이동 창구 순회봉사' 활동을 전개했다. 옆면에 헌 돈을 바꿔준다는 플래카드를 내건 순회 이동 차량이 광고 지면의 절반 이상을 차지하고 있다. 버스 뒷문 곁에 다소곳이 서 있는 행원의 자세가 인상적인데, 서비스 내용을 한눈에 알 수 있게 하는 레이아웃이다. 일상에서 쓰는 잔돈을 바꿔주고, 헌 돈을 새 돈으로 바꿔주고, 저축생활에 도움이 되는 상담을 해준다는 세 가지가 핵심 내용이다. "근면, 검소, 저축을 생활의 신조로 합시다"라는 마무리 카피는 당시 사정에 비춰 퍽 호소력 있게 다가갔을 권유형 카피라고 평가할 수 있다.

1970년대의 교실 풍경을 생각하면 저축과 관련된 추억이나 일화가 떠오를 것이다. 매주 월요일 아침이면 학급 총무부장은 저축 희망자의 돈을 받아 기록하고 학교 서무과에 전달했다. 가져온 돈을 누군가 잃어버리면 모두들 책상 위에 올라가 꿇어앉아 눈을 감고 선생님에게 자백을 강요받기도 했다. 누가 손을 드는지 실눈 뜨고 슬쩍 지켜보는 일은 스

貯蓄倍加汎國民運動

第一次强調期間

期間　67年7月16日-8月15日

67年度 貯蓄目標額 408億원에서 800億원으로 倍加策定

"達成하자 倍加貯蓄

이룩하자 自立經濟"

財務部·大韓金融團

재무부의 저축 장려 광고(1967년 8월 1일, 「매일경제신문」)

〈10월저축추진, 강화의 달을 맞아〉

헌 돈 교 환　이 동　창 구　순 회 봉 사 !!

근면, 검소, 저축을 生活의 신조로 합시다.

한결같이 친절한 (국민은행)

국민은행의 '헌 돈 교환' 광고(1973년 10월 22일, 「경향신문」)

릴러 영화도 못 따라올 재미가 아니었던가. 졸업 후 돌려받
은 예금은 상급 학교의 첫 등록금으로 사용되는 경우가 많
아 일찍부터 효자 소리를 듣는 학생들도 있었다.

　공교롭게도 우리나라 공익광고의 공식적인 역사도 한국
방송광고공사(KOBACO)가 1981년 12월 5일 "저축으로 풍
요로운 내일을"이라는 내용의 공익광고를 KBS 2TV에서 방

송함으로써 시작되었다.[24] '경제개발 5개년 계획' 당시에 저축은 선(善)이고 소비는 악(惡)이라는 가치를 강조했다면, 세월이 흘러 강산이 몇 번 바뀌는 동안 우리도 이제 '건전한 소비'를 강조하는 시대에 살게 되었다. 다 좋은 말이지만 지나친 소비 풍조가 일상화된 듯해 안타깝다. 돈이 없으면서 빚을 내서라도 남들 하는 것은 다 해야 한다고 생각하는 사람들이 뜻밖에도 많은 것 같다. 10월의 마지막 화요일 저축의 날이 오면 '근면, 검소, 저축'을 다시 생각해보자. 생활이 검소해지면 정신까지도 검소해질 테니까.

주

1) 한국민족문화대백과, "홍익회", http://terms.naver.com/entry.nhn?docId=528626&cid=46630&categoryId=46630, 2017.

2) 김병희, 『광고로 보는 미디어 테크놀로지의 소비문화사』, 서울경제경영, 2016.

3) 안도현, 「밤알 크기에 대한 성찰」, 『사람 사람』, 신원문화사, 2015.

4) 네이버 지식백과, "서울어린이대공원", http://terms.naver.com/entry.nhn?docId=574414&cid=46618&categoryId=46618, 2017.

5) E. H. 카, 길현모 옮김, 『역사란 무엇인가』, 탐구당, 1966.

6) 김진, 『모카커피 마시기』(전4권), 대화, 1993.

7) 삼례문화예술촌, http://www.srartvil.kr.

8) 김병희·한상필, 「광고홍보 콘텐츠의 효과측정을 위한 농어업 농어촌의 다원적 가치 척도개발」, 『광고학연구』 25 (1), 127~151쪽.

9) 농림수산식품부, 『농림수산식품 주요통계, 2012』, 농림수산식품부, 2012.

10) 허연회, "불안불안 LP 가스통, 정부가 손본다", 「헤럴드경제」, 2014. 1. 16.

11) 이수광, 정해렴 옮김, 『지봉유설 정선』, 현대실학사, 2000.

12) 오애리, "14광년 밖 쌍둥이 지구 있다… 호주 연구팀 발표", 「뉴시스」, 2015. 12. 18.

13) 김병희, 『공익광고의 정석』, 커뮤니케이션북스, 2016.

14) 신인섭·김병희, 『한국 근대광고 걸작선 100: 1876~1945』, 커뮤니케이션북스, 2007.

15) 유민영, 『한국 현대 희곡사』, 새미, 1997.

16) 네이버 지식백과, "토정비결", http://terms.naver.com/entry.nhn?docId=1153164&cid=40942&categoryId=31450, 2017.

17) 네이버 지식백과, "윷점", http://terms.naver.com/entry.nhn?docId=1133456&cid=40942&categoryId=32175, 2017.

18) 두산백과, "미기", http://terms.naver.com/entry.nhn?docId=1230136&cid=40942&categoryId=32050, 2017.

19) 서정주, 『미당 서정주 전집 시 세트: 미당 서정주 탄생 100주년 기념』(전5권), 은행나무, 2015.

20) D. A. Aaker, *Building Strong Brands*, NY: The Free Press, 1996.

21) 김용옥, 『태권도 철학의 구성원리』, 통나무, 1990.

22) 윤난슬, "사랑의 모금함 훔친 60대 덜미", 「뉴시스」, 2014. 12. 5.

23) 위키백과, "크리스마스 씰", https://ko.wikipedia.org/wiki/%ED%81%AC%EB%A6%AC%EC%8A%A4%EB%A7%88%EC%8A%A4_%EC%94%B0, 2017.

24) 김병희, 『공익광고의 정석』, 커뮤니케이션북스, 2016.

해방 이후 한국의 풍경 2

정부광고로 보는 일상생활사

펴낸날	초판 1쇄 2017년 5월 25일

지은이	김병희
펴낸이	심만수
펴낸곳	(주)살림출판사
출판등록	1989년 11월 1일 제9-210호

주소	경기도 파주시 광인사길 30
전화	031-955-1350 팩스 031-624-1356
홈페이지	http://www.sallimbooks.com
이메일	book@sallimbooks.com

ISBN	978-89-522-3637-1 04080
	978-89-522-0096-9 04080 (세트)

※ 값은 뒤표지에 있습니다.
※ 잘못 만들어진 책은 구입하신 서점에서 바꾸어 드립니다.

이 도서의 국립중앙도서관 출판시도서목록(CIP)은 서지정보유통지원시스템 홈페이지
(http://seoji.nl.go.kr)와 국가자료공동목록시스템(http://www.nl.go.kr/kolisnet)에서
이용하실 수 있습니다.(CIP제어번호: CIP2017010665)

책임편집·교정교열 **성한경·문형숙**

089 커피 이야기 eBook

김성윤(조선일보 기자)

커피는 일상을 영위하는 데 꼭 필요한 현대인의 생필품이 되어 버렸다. 중독성 있는 향, 마실수록 감미로운 쓴맛, 각성효과, 마음의 평화까지 제공하는 커피. 이 책에서 저자는 커피의 발견에 얽힌 이야기를 통해 그 기원을 설명한다. 커피의 문화사뿐만 아니라 커피에 대한 일반적인 정보 및 오해에 대해서도 쉽고 재미있게 소개한다.

021 색채의 상징, 색채의 심리

박영수(테마역사문화연구원 원장)

색채의 상징을 과학적으로 설명한 책. 색채의 이면에 숨어 있는 과학적 원리를 깨우쳐 주고 색채가 인간의 심리에 어떤 작용을 하는지를 여러 가지 분야의 사례를 통해 설명한다. 저자는 색에는 나름대로의 독특한 상징이 숨어 있으며, 성격에 따라 선호하는 색채도 다르다고 말한다.

001 미국의 좌파와 우파 eBook

이주영(건국대 사학과 명예교수)

진보와 보수 세력의 변천사를 통해 미국의 정치와 사회 그리고 문화가 어떻게 형성되고 변해왔는지를 추적한 책. 건국 초기의 자유방임주의가 경제위기의 상황에서 진보–좌파 세력의 득세로 이어진 과정, 민주당과 공화당의 대립과 갈등, '제2의 미국혁명'으로 일컬어지는 극우파의 성장 배경 등이 자연스럽게 서술된다.

002 미국의 정체성 10가지 코드로 미국을 말하다 eBook

김형인(한국외대 연구교수)

개인주의, 자유의 예찬, 평등주의, 법치주의, 다문화주의, 청교도 정신, 개척 정신, 실용주의, 과학·기술에 대한 신뢰, 미래지향성과 직설적 표현 등 10가지 코드를 통해 미국인의 정체성과 신념을 추적한 책. 미국인의 가치관과 정신이 어떠한 과정을 통해서 형성되고 변천되어 왔는지를 보여 준다.

058 중국의 문화코드

강진석(한국외대 연구교수)

중국의 핵심적인 문화코드를 통해 중국인의 과거와 현재, 문명의 형성 배경과 다양한 문화 양상을 조명한 책. 이 책은 중국인의 대표적인 기질이 어떠한 역사적 맥락에서 형성되었는지 주목한다. 또한, 구체적이고 실제적인 여러 사물과 사례를 중심으로 중국인의 사유방식에 대해 설명해 주고 있다.

057 중국의 정체성 `eBook`

강준영(한국외대 중국어과 교수)

중국, 중국인을 우리는 과연 어떻게 이해해야 하나? 우리 겨레의 역사와 직·간접적으로 끊임없이 영향을 주고받은 중국, 그러면서도 아직까지 그들의 속내를 자신 있게 말할 수 없는, 한편으로는 신비스럽고, 한편으로는 종잡을 수 없는 중국인에 대한 정체성을 명쾌하게 정리한 책.

015 오리엔탈리즘의 역사 `eBook`

정진농(부산대 영문과 교수)

동양인에 대한 서양인의 오만한 사고와 의식에 준엄한 항의를 했던 에드워드 사이드의 오리엔탈리즘. 이 책은 에드워드 사이드의 이론 해설에 머무르지 않고 진정한 오리엔탈리즘의 출발점과 그 과정, 그리고 현재와 미래의 조망까지 아우른다. 또한 오리엔탈리즘이 사이드가 발굴해 낸 새로운 개념이 결코 아님을 역설한다.

186 일본의 정체성 `eBook`

김필동(세명대 일어일문학과 교수)

일본인의 의식세계와 오늘의 일본을 만든 정신과 문화 등을 소개한 책. 일본인을 지배하는 이데올로기는 무엇이고 어떤 특징을 가지는지, 일본을 주목해야 하는 이유는 무엇인지 등이 서술된다. 일본인 행동양식의 특징과 토착적인 사상, 일본사회의 문화적 전통의 실체에 대한 분석을 통해 일본의 정체성을 체계적으로 살펴보고 있다.

261 노블레스 오블리주 세상을 비추는 기부의 역사

예종석(한양대 경영학과 교수)

프랑스어로 '높은 사회적 신분에 상응하는 도덕적 의무'를 뜻하는 노블레스 오블리주. 고대 그리스부터 현대까지 이어지고 있는 노블레스 오블리주의 역사 및 미국과 우리나라의 기부 문화를 살펴보고, 새로운 시대정신으로 노블레스 오블리주를 부활시킬 수 있는 가능성을 모색해 본다.

396 치명적인 금융위기, 왜 유독 대한민국인가 `eBook`

오형규(한국경제신문 논설위원)

이 책은 전 세계적인 금융 리스크의 증가 현상을 살펴보는 동시에 유달리 위기에 취약한 대한민국 경제의 문제를 진단한다. 금융안정망 구축 방안과 같은 실용적인 경제정책에서부터 개개인이 기억해야 할 대비법까지 제시해 주는 이 책을 통해 현대사회의 뉴노멀이 되어 버린 금융위기에서 살아남는 방법을 확인해 보자.

400 불안사회 대한민국, 복지가 해답인가 `eBook`

신광영 (중앙대 사회학과 교수)

대한민국 사회의 미래를 위해서 복지는 선택이 아니라 필수라고 말하는 책. 이를 위해 경제 위기, 사회해체, 저출산 고령화, 공동체 붕괴 등 불안사회 대한민국이 안고 있는 수많은 리스크를 진단한다. 저자는 사회적 위험에 대응하기 위한 복지 제도야말로 국민 모두의 삶의 질을 높일 수 있는 길이라는 것을 역설한다.

380 기후변화 이야기 `eBook`

이유진(녹색연합 기후에너지 정책위원)

이 책은 기후변화라는 위기의 시대를 살면서 우리가 알아야 할 기본지식을 소개한다. 저자는 기후변화와 관련된 핵심 쟁점들을 모두 정리하는 동시에 우리가 행동해야 할 실천적인 대안을 제시한다. 이를 통해 독자들은 기후변화 시대를 사는 우리가 무엇을 해야 할 것인지에 대하여 생각해 볼 수 있을 것이다.

사회 · 문화

eBook 표시가 되어있는 도서는 전자책으로 구매가 가능합니다.

(주)살림출판사
www.sallimbooks.com
주소 경기도 파주시 문발동 522-1 | 전화 031-955-1350 | 팩스 031-955-1355